بنای یک فدراسیون جهانی کلید حل بحرانهای جهان

سویدا معانی یوینگ

CPGG | CENTER FOR PEACE & GLOBAL GOVERNANCE

مرکز صلح و حکومت جهانی

ترجمه از زبان انگلیسی : روحیه فنائیان

طرح روی جلد : رضا مستمند

ISBN 978-0-9909437-2-3

به صورت کتاب الکترونیک نیز در دسترس می باشد
ISBN 978-0-9909437-3-0

انتشار از سوی مرکز صلح و حکومت جهانی،
واشنگتن، دی سی.
چاپ در ایالات متحده

تقدیم به کن، که عشقش مرا تعالی بخشیده و بدون همراهی اش این کتاب هرگز به ثمر نمی رسید و تقدیم به ژی ژی عزیزم که زندگی مرا سرشار از نور و سرور کرده است .

فهرست

پیش گفتار

بشریت به عنوان یک تمامیت جمعی به آرامی، ولی با قاطعیت به سوی اتحاد روز افزون حرکت کرده و با موفقیت مراحل رشد جمعی را پشت سرگذاشته است، مراحلی که مشخصه اش دوائر رو به گسترش یکپارچگی و وفاداری و انسجام اجتماعی بوده که با خانواده شروع شده و سپس به سوی قبیله ، دولت- شهر و کشور پیش رفته است. با توجه به پیشرفت های عظیمی که در زمینه هائی مانند ارتباطات و حمل و نقل و تجارت صورت گرفته و ما را به نحو فزاینده و اجتناب ناپذیری به یک دیگر وابسته ساخته است، مرحله ی بعدی در وفاداری گسترده و فراگیری که به سوی آن پیش می رویم، به طور منطقی بایستی وفاداری نسبت به جهان به عنوان یک واحد باشد. درواقع وحدت اجتماعی است که میزان صلح و آرامش جوامع ما را تعیین می کند، امری که به نوبه ی خود تعیین می کند که تا چه حد می توانیم نیروهای خود را صرف فعالیت های تمدن سازی کنیم. با این حال پیشرفت ما به سوی صلح و آرامش هیچگاه یکنواخت نبوده است: گاهی گامهای بلندی برداشته ایم و تمدن های چشمگیرو مملو از صلح و آرامشی را ساخته ایم و گاهی نیز نه تنها پیشرفتی نداشته ایم بلکه پسرفت هم کرده ایم. به هرحال نتیجه ی کلی این حرکت پیشرفت در مسیر یکپارچگی و اتحاد روز افزون بوده است.

اگر رشد بشریت را مانند رشد یک فرد انسانی بدانیم، بهترین دوره ای که می توان وضعیت کنونی بشر را به آن تشبیه کرد، دوره ی نوجوانی است، با همه ی گردنکشی ها، مرز آزمائی ها، خطر کردن ها و به استقبال فاجعه رفتن هایش. اگر به نیمه ی پر لیوان بنگریم نوجوانی مقدمه ی بلوغ است، واقعیتی که ماهیت بسیار مهم مرحله ای را که در آن هستیم نشان می دهد و به ما امید می دهد که عاقبت این مرحله را نیز که ظاهرا" مرحله ی آشفتگی و خود ویرانگری است پشت سرگذاشته وبرخی از شواهد بلوغی را که بارها پیش بینی شده از خود ظاهر خواهیم ساخت. همچنین امیدی که به این ترتیب ایجاد می شود می تواند ما را به حرکت در آورد تا با کمترین آسیب راه خود را دراین مرحله ی مهم نوجوانی پیدا کنیم. علامت بلوغ جمعی ما رسیدن به مرحله ی گریزناپذیر بعدی در سیر تکاملی جمعی مان خواهد بود، یعنی تشخیص این که وفاداری ما در درجه ی اول باید نسبت به بشریت

درکل باشد. وقتی به این تشخیص رسیدیم لازم است که گام دوم را برداریم و مؤسسات جهانی و روند های تصمیم گیری جمعی را که نشان دهنده ی این درک جدید باشند، ایجاد کنیم.

عوامل بسیاری به ضرورت و به موقع بودن این گام بعدی اشاره دارند : اولین آن این واقعیت است که ملل و اقوام جهان به طورجدائی ناپذیری در تمام حوزه های زندگی از جمله در حوزه های اقتصادی و مالی و زیست محیطی و امنیتی و بهداشتی به یک دیگر پیوند خورده اند. سیستم های جدید مخابراتی و حمل و نقل وتجاری و مالی دنیائی را که در آن زندگی می کنیم طوری وابسته ساخته است که دیگر هیچ ملتی نمی تواند خود را درآن از علائق و نگرانی های سایر ملل جدا بداند و ادعای خود کفائی نماید، چون خواه و ناخواه چنین نیست. منافع ما بیشتر از آن که بشود از هم جدا کرد، در هم گره خورده است و حوادثی که دریک گوشه از جهان اتفاق می افتد می تواند در زندگی همه ی ما تأثیر بگذارد. برای مثال کی انتظار داشتیم که یک زمین لرزه ی عظیم درتوهوکو [Tohuku] در سواحل شرقی ژاپن در ماه مارس 2011 با ایجاد یک موج 15 متری سونامی زنجیره ای از حوادث را به جریان اندازد و دانشمندان را در مورد خسارات احتمالی به سلامت انسانی و زیستی در فاصله ای مانند سواحل غربی کانادا و ایالات متحده نگران سازد؟ اما این سونامی برق پمپ های خنک کننده رادر نیروگاه اتمی حوزه ی فوکوشیما- دائیچی [Fukushima-Daiichi] قطع کرد و منجر به ذوب شدن جزئی از سه رآکتور از چهار رآکتورنیروگاه و به دنبال آن آزادشدن مقادیر عظیمی از مواد رادیو اکتیو، بخصوص سزیم در داخل آبهای اقیانوس آرام شد. نگرانی حاصل از آزادشدن چنین مقادیر عظیمی از مواد رادیو اکتیو بود که دانشمندان را برآن داشت برنامه ی زمان بندی شده ای را برای دیده بانی آبهای سواحل آمریکای شمالی به اجرا درآورند. [1]

عامل دیگر این واقعیت است که حادترین مشکلاتی که بشریت با آنها روبروست ماهیت جمعی دارند و راه حل های جمعی می طلبند. یکی از مهمترین این مشکلات گرم شدن زمین است . آزاد شدن مقادیر عظیمی ازگازهای گلخانه ای و عمدتا" دی اکسید کربن که از هر گوشه به درون زیست کره ریخته می شود، دمای سطح زمین را با سرعتی که در تاریخ بی سابقه است، افزایش می دهد. این گازها در اثر استفاده از سوختهای فسیلی که برای تولید انرژی سوزانده می شوند ایجاد می گردند و افزایش دمای حاصل ازآزاد شدن آنها در زیست کره اثرات مخرب گوناگونی را به دنبال دارد. یکی ازاین اثرات ذوب شدن یخچال ها و کوههای یخی است که

منجر به بالا آمدن سطح آب اقیانوسها می شود و سراسر کشورهای جزیره ای و نوارهای ساحلی وسیعی را در نقاط مختلف جهان در خطر غرق شدن قرار می دهد. در نتیجه زمین کمتری برای اسکان جمعیت های رو به افزایش و زمین های قابل کشت کمتری برای تغذیه ی آنها وجود خواهد داشت. کارشناسان پیش بینی می کنند که این واقعیات بدون شک منجر به جنگ برسر زمین و منابع طبیعی خواهد شد.

تولید سلاحهای کشتار جمعی شامل سلاحهای اتمی، شیمیائی و زیستی، نمونه ی دیگری از مشکلاتی است که چون صلح و امنیت جهانی را به خطر می اندازد مستلزم یک راه حل جمعی است. چنین تولیداتی بذر ترس و سوء ظن را در دل کشور ها می افشاند و آنان را برآن می دارد که برای تضمین امنیت خود در یک رقابت روزافزون به جمع آوری سلاح بپردازند. هرچقدر تعداد سلاحهای ویرانگری که جمع می کنیم و میزان وحشتی که ایجاد می کنیم بیشتر باشد احتمال این که این سلاحها به طور عمدی یا سهوی مورد استفاده قرار بگیرند، بیشتر می شود. تجربه به ما آموخته است که در نهایت حتی اگر چنین سلاحهائی فقط در یک محل یا منطقه ی خاص به کارگرفته شوند، بازهم به کار گیری آنها به طور زنجیره ای و رو به گسترشی روی مناطق و کشورهای همسایه و عاقبت فراتر از آنها و روی سایر کشورها اثر می گذارد و ثبات آن ها را درهم می ریزد.

چالش مقابله با رفتار دول سرکشی که از تروریسم حمایت می کنند یا به طور گسترده ای مرتکب نسل کشی و یا سایر موارد نقض فاحش حقوق بشر می شوند نیز نمونه ی دیگری از مشکلات جهانی است که راه حلهای جمعی می طلبند. نمونه ی خوبی که نشان دهنده ی عوارض منطقه ای و جهانی چنین مشکلاتی باشد را می توان در سوریه به تنهائی دید. دولت سوریه در ماه مارس سال 2010 برای سرکوب مخالفت داخلی دست به شدت عمل زد و از سلاحهای شیمیائی برعلیه مردم خود استفاده کرد و به این ترتیب هم یک جنگ داخلی را به راه انداخت و هم به بحران شدیدی در زمینه ی پناهندگی دامن زد که به یکی از حادترین بحرانهای انسانی زمانه ی ما بدل گشته است. بیش از سه میلیون سوری به عنوان پناهنده از سوریه فرار کرده اند.[2] بیشتر آنها از کشورهای همسایه تقاضای پناهندگی کرده اند، درحالی که حضورشان فشارهای اجتماعی و اقتصادی شدیدی را به این کشورها وارد می سازد و ممکن است ثبات آنها را نیز از بین ببرد. برای مثال بیش از یک میلیون پناهنده ی سوری فقط در لبنان هستند، کشوری که کل جمعیت بومی آن فقط 4 میلیون و نیم نفر است. از این تعداد 830 هزار نفر در ترکیه ثبت

درکل باشد. وقتی به این تشخیص رسیدیم لازم است که گام دوم را برداریم و مؤسسات جهانی و روند های تصمیم گیری جمعی را که نشان دهنده ی این درک جدید باشند، ایجاد کنیم.

عوامل بسیاری به ضرورت و به موقع بودن این گام بعدی اشاره دارند : اولین آن این واقعیت است که ملل و اقوام جهان به طورجدائی ناپذیری در تمام حوزه های زندگی از جمله در حوزه های اقتصادی و مالی و زیست محیطی و امنیتی و بهداشتی به یک دیگر پیوند خورده اند. سیستم های جدید مخابراتی و حمل و نقل وتجاری و مالی دنیائی را که در آن زندگی می کنیم طوری وابسته ساخته است که دیگر هیچ ملتی نمی تواند خود را درآن از علائق و نگرانی های سایر ملل جدا بداند و ادعای خود کفائی نماید، چون خواه و ناخواه چنین نیست. منافع ما بیشتر از آن که بشود از هم جدا کرد، در هم گره خورده است و حوادثی که دریک گوشه از جهان اتفاق می افتد می تواند در زندگی همه ی ما تأثیر بگذارد. برای مثال کی انتظار داشتیم که یک زمین لرزه ی عظیم درتوهوکو [Tohuku] در سواحل شرقی ژاپن در ماه مارس 2011 با ایجاد یک موج 15 متری سونامی زنجیره ای از حوادث را به جریان اندازد و دانشمندان را در مورد خسارات احتمالی به سلامت انسانی و زیستی در فاصله ای مانند سواحل غربی کانادا و ایالات متحده نگران سازد؟ اما این سونامی برق پمپ های خنک کننده رادر نیروگاه اتمی حوزه ی فوکوشیما- دائیچی [Fukushima-Daiichi] قطع کرد و منجر به ذوب شدن جزئی از سه رآکتور از چهار رآکتورنیروگاه و به دنبال آن آزادشدن مقادیر عظیمی از مواد رادیو اکتیو، بخصوص سزیم در داخل آبهای اقیانوس آرام شد. نگرانی حاصل از آزادشدن چنین مقادیر عظیمی از مواد رادیو اکتیو بود که دانشمندان را برآن داشت برنامه ی زمان بندی شده ای را برای دیده بانی آبهای سواحل آمریکای شمالی به اجرا درآورند. [1]

عامل دیگر این واقعیت است که حادترین مشکلاتی که بشریت با آنها روبروست ماهیت جمعی دارند و راه حل های جمعی می طلبند. یکی از مهمترین این مشکلات گرم شدن زمین است . آزاد شدن مقادیر عظیمی ازگازهای گلخانه ای و عمدتا" دی اکسید کربن که از هر گوشه به درون زیست کره ریخته می شود، دمای سطح زمین را با سرعتی که در تاریخ بی سابقه است، افزایش می دهد. این گازها در اثر استفاده از سوختهای فسیلی که برای تولید انرژی سوزانده می شوند ایجاد می گردند و افزایش دمای حاصل ازآزاد شدن آنها در زیست کره اثرات مخرب گوناگونی را به دنبال دارد. یکی ازاین اثرات ذوب شدن یخچال ها و کوههای یخی است که

منجر به بالا آمدن سطح آب اقیانوسها می شود و سراسر کشورهای جزیره ای و نوارهای ساحلی وسیعی را در نقاط مختلف جهان در خطر غرق شدن قرار می دهد. در نتیجه زمین کمتری برای اسکان جمعیت های رو به افزایش و زمین های قابل کشت کمتری برای تغذیه ی آنها وجود خواهد داشت. کارشناسان پیش بینی می کنند که این واقعیات بدون شک منجر به جنگ برسر زمین و منابع طبیعی خواهد شد.

تولید سلاحهای کشتار جمعی شامل سلاحهای اتمی، شیمیائی و زیستی، نمونه ی دیگری از مشکلاتی است که چون صلح و امنیت جهانی را به خطر می اندازد مستلزم یک راه حل جمعی است. چنین تولیداتی بذر ترس و سوء ظن را در دل کشور ها می افشاند و آنان را بر آن می دارد که برای تضمین امنیت خود در یک رقابت روزافزون به جمع آوری سلاح بپردازند. هرچقدر تعداد سلاحهای ویرانگری که جمع می کنیم و میزان وحشتی که ایجاد می کنیم بیشتر باشد احتمال این که این سلاحها به طور عمدی یا سهوی مورد استفاده قرار بگیرند، بیشتر می شود. تجربه به ما آموخته است که در نهایت حتی اگر چنین سلاحهائی فقط در یک محل یا منطقه ی خاص به کارگرفته شوند، بازهم به کار گیری آنها به طور زنجیره ای و رو به گسترشی روی مناطق و کشورهای همسایه و عاقبت فراتر از آنها و روی سایر کشورها اثر می گذارد و ثبات آن ها را درهم می ریزد.

چالش مقابله با رفتار دول سرکشی که از تروریسم حمایت می کنند یا به طور گسترده ای مرتکب نسل کشی و یا سایر موارد نقض فاحش حقوق بشر می شوند نیز نمونه ی دیگری از مشکلات جهانی است که راه حلهای جمعی می طلبند. نمونه ی خوبی که نشان دهنده ی عوارض منطقه ای و جهانی چنین مشکلاتی باشد را می توان در سوریه به تنهائی دید. دولت سوریه در ماه مارس سال 2010 برای سرکوب مخالفت داخلی دست به شدت عمل زد و از سلاحهای شیمیائی برعلیه مردم خود استفاده کرد و به این ترتیب هم یک جنگ داخلی را به راه انداخت و هم به بحران شدیدی در زمینه ی پناهندگی دامن زد که به یکی از حادترین بحرانهای انسانی زمانه ی ما بدل گشته است. بیش از سه میلیون سوری به عنوان پناهنده از سوریه فرار کرده اند.[2] بیشتر آنها از کشورهای همسایه تقاضای پناهندگی کرده اند، درحالی که حضورشان فشارهای اجتماعی و اقتصادی شدیدی را به این کشورها وارد می سازد و ممکن است ثبات آنها را نیز از بین ببرد. برای مثال بیش از یک میلیون پناهنده ی سوری فقط در لبنان هستند، کشوری که کل جمعیت بومی آن فقط 4 میلیون و نیم نفر است. از این تعداد 830 هزار نفر در ترکیه ثبت

شده اند و 613 هزار نفر در اردن. براساس برآورد **آژانس پناهندگان سازمان ملل متحد** علاوه بر سه میلیون نفری که به عنوان پناهنده از سوریه گریخته اند 6 میلیون و نیم نفرنیز در داخل سوریه آواره شده اند. این امربه معنای آن است که نیمی از جمعیت سوریه وادار به فرار از خانه های خود گشته اند.[3] رفتار سوریه علاوه برایجاد بحرانهای انسانی و پناهندگی، به آتش یک جنگ داخلی نیز دامن زده که باعث نمو گروههای نظامی داخلی وفراهم آمدن زمینه ی مساعدی برای شکوفائی شبکه های تروریستی مانند **حکومت اسلامی شام و عراق (یا داعش)**[Islamic State of Iraq and the Levant] (ISIL) شده است. نفوذ فزاینده ی داعش و سرکشی های خشونت بار آنان شامل اعدام های دسته جمعی و کشتارهای غیرقانونی، بخصوص در کشورهمسایه عراق، به نوبه ی خود بی ثباتی عظیمی را در منطقه به وجود آورده و باعث شده کشورهائی نظیر بریتانیا، فرانسه، استرالیا، ایالات متحده ، عربستان سعودی، امارات متحده ی عربی، بحرین و اردن برای جلوگیری از بدترشدن اوضاع که هم روی منافع آنها و هم روی صلح و امنیت جهان اثر دارد، دست به مداخله بزنند.[4]

حتی مشکلاتی که در وهله ی نخست ملی یا منطقه ای به نظر می آیند ممکن است به سرعت به مسئله ای حیاتی برای امنیت کل جهان تبدیل شوند. تاریخ اخیر ما پر از نمونه هائی از ویروسهائی مانند سارس، آنفولانزای مرغی و ابولاست که به سرعت منتشر می شوند و قابلیت همه گیر شدن را دارند ومی توانند بقا و خوش بختی شمار عظیمی از انسانها را در سراسر دنیا به خطر اندازند. تازه ترین نمونه ی این امر بروز ویروس مرگبار ابولا در سال 2014 در غرب آفریقاست. با این که این بیماری در ابتدا یک مشکل محلی یا منطقه ای شمرده می شد، اما هنوز شش ماه از بروز آن نگذشته مسئولین بهداشت از رشد سریع آن شروع به ابراز نگرانی کردند و گزارش دادند که این ویروس رشد تصاعدی دارد و کم کم آن را تهدیدی بالقوه نسبت به امنیت جهان دانستند که لازم است با سرعت و با قدرت با آن مقابله شود. در واقع جامعه ی ملل به این نتیجه رسید که خطری که این ویروس برای جامعه ی جهانی دارد آنقدر جدی است که لازم است **شورای امنیت سازمان ملل** مقابله ی با آن را به عنوان یک مسئله ی اضطراری به عهده بگیرد.[5] بالاخره کشورهای جهان تشخیص دادند که به علت درجه هم پیوستگی جهانی که گواه آن مقدار مسافرت هائی است که بین کشورها صورت می گیرد، اگر تلاش عظیمی برای سرکوب این ویروس در غرب آفریقا، که عرصه ی تازه ترین بروز آن به شمار می رود، صورت نگیرد، این ویروس منتشر خواهد شد و امنیت مردم را در سایر کشورها نیز به خطر خواهد انداخت.

مشکلات جهانی بسیاری از این دست وجود دارد، با این حال جامعه ی ملل فاقد نهادهای تصمیم گیری جمعی و سازوکارهای لازم برای یافتن راه حل های مشترک برای مشکلات مشترک جهانی است. تنها راه حل عملی که هنوز امتحان نشده، ایجاد یک فدراسیون جهانی از کشورهاست. این فکری است که زمانش فرا رسیده. با این حال تعدد بحران های جهانی که در مقابل ما قرار دارد نشان می دهد که در ایجاد زیرساختهای نهادی لازم یعنی آنچه که برای پشتیبانی از جامعه ی جهانی در حال ظهور ما ضروری است، تأخیرهم داشته ایم. ولی ما می توانیم این تأخیر را جبران کنیم و گامهای لازم را برای استقرار چنین زیربنائی به صورت ایجاد یک فدراسیون جهانی برداریم. اگر به تشبیه خودمان برگردیم که بشریت به عنوان یک تمامیت جمعی مانند فردی است که از مراحل مختلف رشد می گذرد، تازه می فهمیم که چرا با این همه مشکل جهانی روبه رو هستیم. اگر کسی مرحله ای از رشد را از قلم بیاندازد یا در ورود به یک مرحله ی حیاتی از رشد خود تأخیر کند، کم کم نشانه های عقب ماندگی اجتماعی در او ظاهر می شود، درست مثل مرد چهل ساله ای که اصرار دارد مانند یک جوان 18 ساله رفتار کند و بنابراین نمی تواند مسئولیت های خود را به عنوان یک همسر، یک پدر یاحتی یک کارمند قابل اعتماد به عهده بگیرد. به همین صورت بشریت هم که در برداشتن یک گام حیاتی در پیشرفت جمعی اش تأخیر کرده، بناچارعلائم عقب ماندگی اجتماعی را از خود نشان می دهد و دچارمشکلات جهانی اجتماعی، اقتصادی و غیر آن گشته است. چنین درکی ممکن است به خوبی میل سیرنشدنی و نا بالغ مصرف کنندگان وصاحبان کسب و کار را به هزینه کردن بیش از توانائی خود یا حس محق بودن آنان را توضیح دهد، که باعث می شود باور کنند حق دارند بدون این که مجبور باشند ساعات طولانی کار کنند، از مزایای اجتماعی بهره مند شوند یا زودتر از موقع بازنشسته شوند، یا سهم خود را از مالیات نپردازند. این درک همچنین ممکن است توضیح دهد که چرا رهبران جهانی به گرفتن تصمیمات دشواری که برای جلوگیری از گرم شدن کره ی زمین لازم است، یا به وضع مقررات بین المللی و ایجاد سازوکارهائی برای اجرا و تضمین این که کشورها بدهی های کلان به بار نمی آورند و یا به اقدام جمعی برای برکنار کردن رهبرانی که دست به نسل کشی می زنند، تمایلی ندارند. آیا همه ی این کوتاهی ها نشانه ی آن نیست که نمی خواهیم بزرگ شویم و عادات خود را عوض کنیم؟ چنین درکی ممکن است به ما انگیزه ی لازم را بدهد تا برای ایجاد نهادهای لازم شتاب کنیم و به جای این که شاهد افزایش یافتن و عمیق تر شدن مشکلات جهان خود باشیم، عادات و رفتارهائی را که برای مرحله ی بعدی رشد جمعی ما لازم است، کسب کنیم، مرحله ای که امید است مشخصه اش صلحی حقیقی و پایدار باشد. باید به طور خستگی ناپذیر

برای شناسائی نظام کارآمدی بکوشیم که درآن کشورهای جهان بتوانند به طور جمعی برای رفع مشکلات جهانی تصمیم بگیرند و بشریت را به صلح و امنیت رهنمون گردند.

تغییر عادت ، شرط لازم موفقیت

ریشه ی همه ی مشکلات جهانی و به ظاهر لاینحل ما این است که نمی خواهیم قبول کنیم برخی از عادات، پنداشتها، گرایشها، سیاست ها، قوانین و نهادهای ما نه تنها دیگر به سود ما کار و به سعادت ما کمکی نمی کنند، بلکه به طور قطع به زیان ما هستند. اما اگر بخواهیم پیش برویم و چالش های عظیم جهانی خود را حل نمائیم باید راه و روشهای کهنه ی خود را کنار بگذاریم نه این که خود را برای حفظ آنها فدا کنیم.

یکی از این تغییرات مهم کنار گذاشتن عادت مصلحت طلبی است که باعث می شود براساس منافع شخصی کوته نظرانه و کوتاه مدت تصمیم گیری کنیم. در مورد رفع مشکلات جهانی ممکن است به نظر برسد که این رویکرد مشکلات فعلی را در کوتاه مدت حل می کند اما معمولا" در بلند مدت بذر مشکلات تازه ای را می کارد که به علت تمرکزی که روی کوتاه مدت داشته ایم آنها را پیش بینی نکرده ایم. برای مثال، تربیت و تجهیز مجاهدین برای مبارزه با ارتش شوروی در افغانستان با این که در بیرون راندن شوروی از افغانستان موفق بود اما مشکل تازه ای را به صورت طالبان برای آمریکا ایجاد کرد. در نتیجه آمریکا برای اخراج طالبان دست به جنگ زد که سالهاست در مرداب عواقب آن گرفتار است. یک چنین محاسبات کوتاه مدتی بود که باعث شد برخی از دولت ها پس از فاجعه ی اتمی فوکوشیما در ژاپن در مقابل فشار افکارعمومی تسلیم شوند و اعلام کنند که تعدادی از نیروگاههای اتمی تولید انرژی خود را تعطیل و به جای آن از سوختهای آلوده ی فسیلی، بخصوص ذغال، به عنوان منبع جایگزین انرژی استفاده خواهند کرد. سیاستمداران با این کار حاضرشدند صرفا" برای ارضای منافع کوتاه مدت سیاسی خود دست به اقدامی بزنند که می دانستند خطر گرم شدن زمین و عواقب زیان آور آن را برای زندگی مردم خودشان و سایر کشورها بیشتر می کند.

اشکال دیگر مصلحت طلبی آن است که اغلب راه حل هائی که برای مشکلات مختلف درنظر گرفته می شوند با یک دیگر ناسازگار بوده و یک دیگر را فعالانه تضعیف می کنند. برای مثال با اینکه جامعه ی بین المللی پس از نسل کشی رواندا ادعا کرد که دیگر هرگز کنار نخواهد ایستاد و اجازه نخواهد داد که این گونه نقض

های فاحش حقوق بشر صورت گیرد، اما وقتی با اقدامات بی رحمانه و گسترده ی عوامل دولت سودان برعلیه مردم دارفور که از سال 2003 شروع شده بود، روبه رو شد، یعنی اقداماتی که به مرگ دست کم 480 هزار نفر و آوارگی بیش از 2 میلیون نفر منجر گردید، بار دیگر خود را از اقدام عاجز یافت. **شورای امنیت** یعنی سازمانی که وظیفه ی حفظ صلح و امنیت بین المللی را به عهده دارد نتوانست قطعنامه ای را برای اعمال تحریمها بر علیه سودان و به منظور متوقف ساختن نسل کشی به تصویب برساند، زیرا یکی از اعضای دائمی آن، یعنی چین، که برای امضای قرار داد تولید نفت با سودان سرمایه گزاری سنگینی کرده بود تا بتواند نیاز های عظیم و روزافزون خود را به انرژی تأمین نماید، تهدید کرد که هر نوع تحریمی که این منافع محدود را به خطر اندازد، وتو خواهد کرد.

متأسفانه عادت مصلحت طلبی عادتی است که درحال حاضر به شدت در نحوه ی اداره ی روابط بین المللی جا افتاده است. حال زمان آن است که رهبران جهان ما قدم های لازم را بردارند و تضمین نمایند که به هنگام کوشش برای حل هر نوع مشکل جهانی، این عادت با عادت سازنده تری جایگزین گردد، یعنی عادت به در نظر گرفتن منافع مشترک و بلند مدت بشریت.

بنای یک فدراسیون جهانی

وقتی نگرش و محیط روانی مناسب را در میان کشورها ایجاد کردیم ، مسئله این خواهد بود که چگونه شروع به ساختن یک فدراسیون جهانی کنیم؟ بجاست که مثالی را در اینجا مطرح نمائیم: هروقت می خواهیم بنای تازه ای بسازیم با طرحی شروع می کنیم که یک معمار توانا و خلاق ضمن ترکیب قوه ی تخیل با مهارت و با در نظر گرفتن هدف از ساخت بنا و نیازهای کسائی که قراراست از آن استفاده کنند، تهیه می کند. اما طرح تنها کافی نیست. اگر مواد، ابزار و تجهیزات مناسب را برای این کار نداشته باشیم، هرگز چیزی ساخته نمی شود. سرانجام به تجارب گذشته ی سازنده های ورزیده رجوع می کنیم تا ما را در حل مشکلات دشوار یاری نمایند و در مورد موانع معمول هشدار دهند و تشویق نمایند. استفاده از این مثال به هنگام ایجاد یک فدراسیون جهانی باعث می شود که بهتر بتوانیم فدراسیونی را طراحی کنیم که به نحوی پایدار و مؤثرچالش های جهانی ما را حل کند. می توانیم برای تهیه ی طرحی که نیازهای ما را تأمین کند از کار متفکرین و الگوهای تاریخی استفاده کنیم. همچنین می توانیم مجموعه ای از اصول اساسی را در مورد روابط بین المللی تعیین و در مورد آنها توافق کنیم، اصولی که بتوانیم قاطعانه و به عنوان ابزاری برای اجرای طرح خود از آنها استفاده نمائیم. موادی که با آنها کار می کنیم شرایط عملی است که هر کدام از مشکلات جهانی را دربرگرفته است. تجربه ی آمریکا در ساختن یک دولت فدرال با استفاده از برخی از اصول فدرالیزم نیز می تواند راهنمای مفیدی برای ما باشد. به طور خلاصه این مثال دستور کار کاملی را برای اقدام فراهم می سازد. حال به ترتیب به بررسی هریک از اجزاء این دستورکار می پردازیم.

طرح یک زیرساخت نهادی

زیرساخت یک دولت فدرال جهانی باید دست کم چند مؤسسه ی مهم را در برداشته باشد:

های فاحش حقوق بشر صورت گیرد، اما وقتی با اقدامات بی رحمانه و گسترده ی عوامل دولت سودان برعلیه مردم دارفور که از سال 2003 شروع شده بود، روبه رو شد، یعنی اقداماتی که به مرگ دست کم 480 هزار نفر و آوارگی بیش از 2 میلیون نفر منجر گردید، بار دیگر خود را از اقدام عاجز یافت. **شورای امنیت** یعنی سازمانی که وظیفه ی حفظ صلح و امنیت بین المللی را به عهده دارد نتوانست قطعنامه ای را برای اعمال تحریمها بر علیه سودان و به منظور متوقف ساختن نسل کشی به تصویب برساند، زیرا یکی از اعضای دائمی آن، یعنی چین، که برای امضای قرار داد تولید نفت با سودان سرمایه گزاری سنگینی کرده بود تا بتواند نیازهای عظیم و روزافزون خود را به انرژی تأمین نماید، تهدید کرد که هر نوع تحریمی که این منافع محدود را به خطر اندازد، وتو خواهد کرد.

متأسفانه عادت مصلحت طلبی عادتی است که درحال حاضر به شدت در نحوه ی اداره ی روابط بین المللی جا افتاده است. حال زمان آن است که رهبران جهان ما قدم های لازم را بردارند و تضمین نمایند که به هنگام کوشش برای حل هر نوع مشکل جهانی، این عادت با عادت سازنده تری جایگزین گردد، یعنی عادت به در نظر گرفتن منافع مشترک و بلند مدت بشریت.

بنای یک فدراسیون جهانی

وقتی نگرش و محیط روانی مناسب را در میان کشورها ایجاد کردیم ، مسئله این خواهد بود که چگونه شروع به ساختن یک فدراسیون جهانی کنیم؟ بجاست که مثالی را در اینجا مطرح نمائیم: هروقت می خواهیم بنای تازه ای بسازیم با طرحی شروع می کنیم که یک معمار توانا و خلاق ضمن ترکیب قوه ی تخیل با مهارت و با در نظر گرفتن هدف از ساخت بنا و نیازهای کسائی که قراراست از آن استفاده کنند، تهیه می کند. اما طرح تنها کافی نیست. اگر مواد، ابزار و تجهیزات مناسب را برای این کار نداشته باشیم، هرگز چیزی ساخته نمی شود. سرانجام به تجارب گذشته ی سازنده های ورزیده رجوع می کنیم تا ما را در حل مشکلات دشوار یاری نمایند و در مورد موانع معمول هشدار دهند و تشویق نمایند. استفاده از این مثال به هنگام ایجاد یک فدراسیون جهانی باعث می شود که بهتر بتوانیم فدراسیونی را طراحی کنیم که به نحوی پایدار و مؤثرچالش های جهانی ما را حل کند. می توانیم برای تهیه ی طرحی که نیازهای ما را تأمین کند از کار متفکرین و الگوهای تاریخی استفاده کنیم. همچنین می توانیم مجموعه ای از اصول اساسی را در مورد روابط بین المللی تعیین و در مورد آنها توافق کنیم، اصولی که بتوانیم قاطعانه و به عنوان ابزاری برای اجرای طرح خود از آنها استفاده نمائیم. موادی که با آنها کار می کنیم شرایط عملی است که هر کدام از مشکلات جهانی را دربرگرفته است. تجربه ی آمریکا در ساختن یک دولت فدرال با استفاده از برخی از اصول فدرالیزم نیز می تواند راهنمای مفیدی برای ما باشد. به طور خلاصه این مثال دستور کار کاملی را برای اقدام فراهم می سازد. حال به ترتیب به بررسی هریک از اجزاء این دستورکار می پردازیم.

طرح یک زیرساخت نهادی

زیرساخت یک دولت فدرال جهانی باید دست کم چند مؤسسه ی مهم را در برداشته باشد:

مجلس قانونگزاری جهانی

اولین این مؤسسات یک مجلس قانونگزاری بین المللی است که باید اعضایش از سوی مردم تمامی کشورها انتخاب شوند و به تأیید دولت های مربوطه برسند. این مجلس قوانینی را که برای تنظیم روابط بین دول و ملل لازم است وضع خواهد کرد و به چالش ها و نیازهای مشترک آنها خواهد پرداخت.   می توان تصور نمود که چنین قوانینی شامل مختصر مقررات مالی خواهد بود تا ما را از آن نوع بحران های مالی که به آن متمایل شده ایم، حفظ کند.   همچنین ممکن است شامل قوانینی در مورد مقدار و نوع انرژی مصرفی ما باشد، تا تضمین کند به آلوده کردن محیط خود و ایجاد مشکلاتی نظیر گرم شدن زمین، که ما را در خطر فاجعه قرار داده است، ادامه نخواهیم داد. این قوانین همچنین شامل مقررات مربوط به آب و غذا خواهد بود تا تضمین کند همه به طور عادلانه از آب آشامیدنی کافی و غذای سالم برخوردار هستند. به علاوه این، قوانین شامل مقرراتی در مورد تولید و تکثیر سلاح و همچنین قوانین مربوط به تعیین شرایطی خواهند بود، که تحت آن دولت فدرال جهانی می تواند برای حفظ و تقویت صلح از نیروی نظامی استفاده کند.

دولتها برخی از حقوقی را که تا به حال به آنها تخصیص داشته داوطلبانه به این مجلس قانونگزاری تفویض خواهند کرد، که شامل همه ی حقوق مربوط به حفظ اسلحه، مگر به اندازه ی لازم برای حفظ نظم داخلی در درون مرزهای ملی، و همچنین حقوق مربوط به جنگ، خواهد بود. حق جنگ تابع این اصل خواهد بود که مجلس قانونگزاری جهانی فقط در صورتی اجازه ی استفاده از نیروی نظامی را می دهد که به صورت جمعی و در خدمت عدالت باشد. کشورهای جهان همچنین حقوق خاصی را در مورد وضع مالیات به این مجلس واگذار خواهند کرد، تا منابع مالی لازم را برای ارتقاء و بهبود زندگی بشریت داشته باشد. به راحتی می توان تصور نمود که این منابع مالی برای پیدا کردن راههائی برای اصلاح و یا وارونه کردن جریان گرم شدن زمین، یا پیدا کردن منابع تمیز و تجدید پذیر انرژی، و یا ایجاد یک ارتش دائمی بین المللی به منظور حفظ صلح در جهان، صرف شود. کشورهای جهان همچنین به این مجلس به عنوان امین کل بشریت اختیارات کامل و انحصاری در مورد منابع طبیعی زمین اعطا خواهند کرد، که شامل منابع بیشماری که هنوز کشف و استخراج نشده اند، نیز می شود. منابع طبیعی به این مجلس سپرده می شوند تا از آنها بهره برداری و به طور کامل در جهت منافع جمعی بشریت استفاده کند. این مجلس همچنین نهایت تلاش خود را خواهد کرد تا از همه ی منابع موجود انرژی استفاده کند. مجلس قانونگزاری جهانی برای انجام همه ی

این کارها از نیروی عظیم اقتصادی و سیاسی که قبل از آن در جنگ به هدر می
رفت، بهره برداری خواهد نمود. همچنین این مجلس همه ی منابع اقتصادی جهان
را سازمان دهی خواهد کرد و بازارهای جهانی را هماهنگ نموده، گسترش خواهد
داد، و توزیع عادلانه ی کالاها را تضمین خواهد کرد.

دادگاه بین المللی

مؤسسه ی مهم دیگر یک دادگاه بین المللی است، دراصل یک دادگاه عالی جهانی
که قدرت دارد درباره ی همه ی اختلافاتی که بین کشورها و کلیه ی عناصرتشکیل
دهنده ی دولت فدرال جهانی به جود می آید، داوری کند. این دادگاه حوزه قضائی
اجباری خواهد داشت درباره ی هر موردی که صلح را به خطر می اندازند، و
احکامش نافذ و قابل اجرا به قوه ی قهریه است، حتی اگرکشورهای درگیر حاضر
نباشند داوطلبانه تسلیم داوری آن شوند.

هیئت مجریه ی جهانی

هیئت مجریه ی جهانی یکی از مؤسسات مهم دیگر در حوزه ی دولت فدرال جهانی
است. این قوه ی مجریه اختیار خواهد داشت که هم قوانینی را که **مجلس
قانونگزاری** وضع کرده و هم تصمیمات **دادگاه بین المللی** را به اجرا در آورد و
عموما" با هر گونه نقض صلح مقابله و به این ترتیب وحدت ارگانیک حکومت
عالی جهانی را محافظه نماید. این هیئت برای نیل به این مقاصد یک ارتش دائمی
را در اختیار خود خواهد داشت که از به هم پیوستن نیروهای اعضای حکومت
فدرال تشکیل خواهد شد و بنابراین نماینده ی همه ی کشورها به شمار خواهد آمد.
این ارتش بنابر مصالح همه ی بشریت و برای حفظ صلح و اجرای قوانین بین
المللی و احکام **دادگاه جهانی** اقدام خواهد کرد و تحت امر **هیئت مجریه ی جهانی**
خواهد بود که به نوبه ی خود براساس قوانینی که همه ی کشورها از قبل روی آن
توافق کرده باشند، عمل خواهد کرد.

اصول اساسی ابزار ما هستند

برای بنای یک فدراسیون جهانی باید بدون هیچ گونه سازشی مجموعه ای از
اصول زیربنائی را به کار گیریم. ابتدا باید این اصول تعیین گردند و سپس باید
کاری کرد که کشورها در مورد آنها به اتفاق نظر برسند و متعهد شوند به نحو

سازش ناپذیری آنها را به کارگیرند. وقتی این مراحل طی شد می توانیم همان طور که از ابزار برای ساختن بناهای فیزیکی استفاده می کنیم، از آنها برای ایجاد مؤسسات فدرال جهانی استفاده کنیم. متأسفانه، این رویکرد سه مرحله ای چیزی نیست که کشورهای جهان به پیروی از آن عادت داشته باشند اما شورای حاکمه ی دیانت بهائی در سندی که درسال 1985 خطاب به مردم جهان منتشر کرد، بر اهمیت آن تأکید نمود. در این سند گفته شده است که «رهبران کشور ها و تمام صاحبان رتبه و مقام وقتی میتوانند بهتر بحلّ مشاکل پردازند که ابتداء اصول و مبادی مربوط بآن مشاکل را بشناسند سپس در پرتو آن ها به اقدام پردازند.»[6] از آن زمان به بعد سایر متفکرین بزرگ زمان ما نیز به همین نتیجه رسیده اند. یکی از این متفکرین که در کشور خود به عنوان وزیر امور خارجه و در چندین کمیسیون سطح بالای بین المللی به عنوان عضو و همچنین به عنوان رئیس یکی از معتبرترین سازمانهای غیردولتی در حوزه ی رفع اختلاف خدمت کرده است، می گوید: « هیچ چاره ای نیست جز این که به اصول اولیه برگردیم و درباره ی آنها به اتفاق نظربرسیم و سپس آن اصول را به کار گیریم.»[7]

حال این اصول بنیادی که می توان از آنها به عنوان ابزار در بنای یک فدراسیون جهانی استفاده کرد، کدامها هستند؟

وحدت

احتمالا" مهمترین اصل درمیان همه ی اصول زیربنائی اصل وحدت بشر است. همه ی افراد انسانی صرف نظر از رنگ پوست، جنسیت، ملیت یا میزان ثروت و تحصیلاتی که دارند، شریف و برابر خلق شده اند. ما همه به یک روح زنده ایم، روحی که بیم ها و امیدها و توانائی های مشابهی را در ما ایجاد می کند. رویا ها و امیدهای اساسی و اولیه ی ما نیز مشابه است، مثل داشتن حیاتی که در آن همه ی نیازهای اساسی ما برآورده شود، کودکانمان تحصیل کنند و در سلامت و امنیت باشند و همه با مشارکت در تمدنی رو به پیشرفت به زندگی خود معنا بخشیم. ما همچنین در ترس از نیازمندی، رنج و زندگی بی معنا، با یک دیگر شریک هستیم. با کمی تفکر معلوم می شود که بیشتر مشکلات زمان ما را می شود به بی خبری از این اصل مهم نسبت داد. [8]   همین که رهبران ما این اصل اساسی وحدت را عمیقا" درک نمایند و آن را به اصل عملیاتی در روابط بین المللی بدل سازند، خواهیم توانست آن نهادهای تصمیم گیری جمعی را ایجاد کنیم که واقعا" نماینده ی همه ی بشریت باشند، و در عین حال که حل فوری و مؤثر مشکلات را ممکن می

سازند، به همه ی ملل و اقوام هم حق اظهار نظر بدهند. اصل وحدت یکی از ابزارهای اساسی درساختن یک فدراسیون جهانی است چه که به قلب روابط مهمی می رود که ملت ها و اقوام را به عنوان اعضای یک خانواده ی بشری به یک دیگر پیوند می دهد.

اصل برابری

این اصل که با کشورهای مختلف جهان باید به طور یکسان رفتار شود، یکی از نتایج اصل وحدت است. به کارگیری این اصل در بنای یک فدراسیون جهانی مستلزم این پیش نیاز است که همه ی کشورها به استقلال رسیده باشند، به این معنی که به اجباراز سوی کشورهای دیگر استعمار نشده، و یا اسیر حکومت هائی مثل حکومت های تمام طلب [totalitarian] نباشند، که آزادی های اساسی مردم خود و ازجمله آزادی اجتماعات، بیان و عقیده را نادیده می گیرند. تجربه ی ایالات متحده راهنمای با ارزشی است : درست همان طور که قانون اساسی ایالات متحده همه ی ایالت ها را به طور یکسانی خودگردان اعلام می کند، کشورهای جهان هم باید در محدوده ی یک فدراسیون جهانی از موقعیت یکسانی برخوردار باشند. اصل برابری به این معنا نیز هست که کشورهای جهان باید به طور منصفانه در این دولت فدرال نماینده داشته باشند. در واقع عدالت و انصاف مستلزم آن است که هیچ گروه یا کشوری حق رأی یا ابراز نظر بیشتری در تصمیم گیری های جمعی نداشته باشد صرفا" به این علت که خود را برتر می داند بر دیگران، بلکه باید بر اساس یک نظام عقلانی و مورد توافق جمعی، که مبنی بر نمایندگی منصفانه باشد، تصمیم گیری بشود.

تلاش در جهت منافع جمعی

اصل مهم دیگر آن است که نفع جزء به بهترین وجه در نفع کل تضمین می شود و این که اگر منافع کل نادیده گرفته شود، جزء نیزدر بلند مدت سودی نخواهد برد. به عبارت دیگر تنها راهی که یک کشور می تواند از حصول منافع خود اطمینان حاصل کند آن است که با پشتکار برای حصول منافع همه ی کشورها بکوشد. این درسی بود که کشورهای اروپای غربی پس از جنگ جهانی دوم گرفتند. همه ی این کشورها که زیرساختها و اقتصادها و جوامعشان دچار تلافات عظیم شده و فروپاشیده بود، برای بازسازی خود به دنبال به دست آوردن ذغال و فولاد با شرایط یکسان بودند. آنها همچنین می خواستند اطمینان حاصل کنند که دسترسی با

صرفه به ذغال و فولاد، امکان آغاز یک جنگ دیگر را برای آلمان فراهم نمی کند. راه حلی که سرانجام این کشورها روی آن توافق کردند این بود که منابع ذغال و فولاد خود را یکجا کنند و تحت مدیریت یک مرجع عالی فراملیتی با اختیارات وسیع قرار دهند، تا تضمین کند که هرکدام از اعضا، با شرایط منصفانه، به ذغال و فولادی که نیاز دارد دسترسی پیدا می کند، و کلیه ی عملیات تولید و فروش این مواد برای همه شفاف خواهد بود. بازار مشترکی که به این ترتیب برای ذغال و فولاد به وجود آمد به **جامعه ی ذغال و فولاد اروپا** شهرت یافت. [European Coal and Steel Community (ECSC)] باید توجه نمود که کشورهائی که این **جامعه ی** جدید **ذغال و فولاد اروپا** را تشکیل دادند هر کدام پس از بحث ها و تجزیه و تحلیل های طولانی و نظر به شرایط ویژه ی سیاسی و اقتصادی و تاریخی خود، به این نتیجه رسیدند که با اقدام دست جمعی با سایر کشورها برای رسیدن به منافع جمعی، همه بهتر به منافع خود دست پیدا می کنند تا با عمل به تنهائی. به این نیز باید توجه داشت که همه ی این شش کشور عضو پس از درک این اصل اساسی حاضر شدند برخی از اختیارات خود در مورد این دو منبع حیاتی را (که از نظر عملکرد مانند نفت و گازامروزی برای ما بود) به یک سازمان فراملیتی که درجهت منافع جمعی کارمی کرد، تفویض کنند، و از همه جالب تر آن که ایجاد نهادی مبنی بر اصل ضرورت تلاش برای منافع جمعی (و همچنین سایر اصولی که در بالا برشمرده شد) پس از قرن ها جنگ متناوب صلح را به اروپا آورد و اولین گام درراه تحول تدریجی به سوی چیزی بود که امروزه آن را به نام **اتحادیه ی اروپا** می شناسیم، اتحادیه ای که در حال حاضر 28 کشور اروپائی را زیر چتر خود دارد.

محدود کردن حاکمیت ملی و در عین حال احتراز از تمرکزگرائی افراطی

اصلی که پیوستگی نزدیکی دارد با این اصل که همه ی کشورهای جهان باید درجهت منافع جمعی همه بکوشند، و در واقع یکی از نتایج آن به شمار می رود، ضرورت محدود کردن حاکمیت ملی و تبعیت انگیزه های ملی به ضروریات یک جهان متحد است. هرچند لازمه ی این اصل آن است که همه ی کشورها در حوزه هائی که عمل جمعی بهتر از عمل انفرادی منافع آنان را تأمین می کند، داوطلبانه از برخی از اختیارات مهم خود صرف نظر کنند، اما هدفش آن نیست که حکومت های ملی را از بین ببرد، بلکه تشخیص می دهد که این حکومت ها به عنوان نهاد های جداگانه و مشخصی که مسئولیت تأمین رفاه و حفاظت از مردم خود را به عهده دارند، و در مقابل آنها و د رمقابل جامعه ی بین المللی درقبال هرگونه

کوتاهی در انجام این مسئولیت سنگین جوابگو می باشند، نقش مفیدی دارند. این اصل خواهان از بین بردن آن نوع میهن پرستی هوشمندانه ای هم نیست که به شهروندان هر کشور انگیزه می دهد تا به پیشرفت دانش و هنر و تعلیم و تربیت و بهداشت و رفاه عمومی کشور خود کمک کنند. همچنین نمی خواهد وحدتی را که براساس یکنواخت سازی باشد به دنیا تحمیل کند. برعکس، این که حکومت های ملی به اعمال قدرت و مرجعیت خود در حوزه های خاصی ادامه دهند اهمیت زیادی دارد، هم ازنظر احتراز از خطرات تمرکز گرائی، و هم از نظر تشویق و حفظ تنوع در زمینه ی یک فدراسیون متحد جهانی.

سایر ابزارها

اصولی که در بالا برشمرده شد زیربنائی ترین و قوی ترین اصول در بنای یک فدراسیون جهانی هستند. اما اصول دیگری هم وجود دارند، از جمله این اصل که قوه ی قهریه باید فقط در خدمت به عدالت و مصالح گسترده تر و بر طبق قوانین مورد توافق همه ی کشورهای عضو فدراسیون به کار گرفته شود. به نظر نمی آید که بشریت درسیر تحول خود به مرحله ای رسیده باشد که بتواند به کلی از استفاده از نیروی قهریه چشم پوشی کند، اما استفاده ی از آن را باید به شدت محدود و کنترل کرد. استفاده از قوه ی قهریه باید فقط بعد از تصمیم گیری جمعی مؤسساتی که نماینده ی همه ی ملل و اقوام جهان هستند، و برطبق قوانینی که به طور جمعی روی آنها توافق شده، و به وسیله ی نیروی نظامی که نماینده ی همه ی کشورهای جهان باشد، صورت گیرد. تحت این نظام همه ی کشورهای جهان باید میزان اسلحهَ خود را به حداقلی که برای حفظ صلح و نظم در داخل مرزهای آنها لازم است، برسانند. هرگونه اسلحهَ اضافه باید ازبین برود. به علاوه باید توافق کنند که هرگاه کشوری شرایط توافقنامه ی بین المللی را در مورد صلح و امنیت زیرپا گذاشت همه ی کشورهای جهان قیام کنند و آن دولت را ساقط و با دولتی جایگزین کنند که بتواند به عنوان یک عضو مسالمت جوی جامعه ی جهانی عمل نماید. برای نیل به این مقصد، جامعه ی ملل باید یک ارتش دائمی بین المللی را در اختیار خود داشته باشد.

درس هائی از آمریکا و اروپا

همین که رهبران جهان روی طرح کلی یک فدراسیون جهانی و نیز روی اصول زیربنائی که باید در بنای آن مورد استفاده قرارگیرد توافق کردند، درمی یابند که

تجربه ی آمریکا در ساختن یک کشور فدرال، و تجربه ی ادامه دار اروپا در تحکیم اتحاد خود، درسهای ارزشمندی را برای آنان فراهم می سازد که به آنها نشان می دهد در طول این مسیر چه کارهائی را بکنند و از چه کارهائی احتراز کنند.

تجربه ی آمریکا

تبدیل آمریکا از جامعه ای متشکل از ایالت های جداگانه ی متنوع با پیوندهای سست به یک فدراسیون متحد، تجربه ای است که جنبه های گوناگونی دارد که شایان بررسی دقیق ما در حرکت به سوی یک فدراسیون جهانی است. در روزهای قبل از این اتحادیه، بدبینی در مورد امکان ایجاد یک فدراسیون آمریکائی در مهاجر نشینان رائج بود. بسیاری بر این باور بودند که موانع غیرقابل رفعی در مقابل چنین دستاوردی وجود دارد. این دید مبنی براین استدلال بود که هم در نحوه ی اداره و هم در عادات مهاجرنشینان آنقدر تضاد منافع، بی اعتمادی و اختلاف وجود دارد که چنین امری را غیر ممکن می سازد. پس از مباحثات مفصل، ایالت های عضو کنفدراسیون آخر به این نتیجه رسیدند که اگر به صورت یک فدراسیون متحد تر شوند، از هر نظر، چه اقتصادی، چه نظامی و چه اجتماعی، وضعیت بهتری نسبت به وقتی خواهند داشت که همچنان جداگانه و به صورت گروهی از 13 حکومت ایالتی با روابط سست به کار خود ادامه دهند.

وقتی پس از 225 سال به گذشته می نگریم ، مشاهده می کنیم که چگونه تغییرات چشمگیری که در شرایط به وجود آمده، نگرانی های سابق را بی معنا ساخته است. بنابراین می توان تصور کرد که با توجه به امکانات عظیمی که دانش جدید در زمینه ی مخابرات و حمل و نقل در اختیار جامعه ی امروزی ما قرار داده است، ایجاد یک فدراسیون جهانی عملا" آسان تر از ایجاد دولت فدرال ایالات متحده خواهد بود، و ممکن است معلوم شود که متحد کردن کشورهای جهان از آنچه ایالات نوزای آمریکا با آن مواجه بودند پیچیدگی کمتری دارد، حتی با وجود این که آن ایالات از نظر زبان و برخی سنن، وجوه مشترک بیشتری با یک دیگر داشتند.

اما جنبه ی دیگری از تجربه ی آمریکا که نباید آن را نادیده گرفت، رنج ودرد عظیمی است که با تحکیم فدراسیون آمریکا در نیمه ی دوم قرن نوزدهم همراه بود. هرچه باشد یک جنگ داخلی که تقریبا" جمهوری آمریکا را از هم گسست، لازم بود تا آن مهاجرنشین های نامتجانس را از صورت اتحاد صرف بین حکومت های

مستقل خارج کند و به صورت یک ملت درآورد. باید حاضر باشیم خود را برای یک راه دشوار و پرپیچ و خم آماده نمائیم، چرا که بعید است بتوانیم صرفا" با اتکا به سیاستمداری و آموزش، تغییرات اساسی و عمیقی را در ساختار جامعه ایجاد نمائیم. باید خود را برای رنج و درد شدید ذهنی و همچنین جسمی آماده نمائیم، یعنی آنچه که به نظر می رسد همواره مبشر و همراه آن تحولات تاریخی هستند که بزرگترین نقاط عطف را در تاریخ تمدن بشری به وجود می آورند. احتمال دارد قبل از آن که بتوانیم کشورهای نامتحد کنونی را به صورت یک فدراسیون یکپارچه ی جهانی متحد کنیم، دچار تلاطمات و فجایعی شویم که از نظرشدت و وخامت بی سابقه باشند. احتمالا" آتش بلایائی جهانی لازم است تا ما را به عنوان یک تمامیت جمعی برای مرحله ی بعدی در تحول اجتماعی مان آماده سازد و حس مسئولیت وغیرتی را که رهبران ما برای هدایت ما لازم دارند، درآنان به وجود آورد.

جامعه ی ذغال و فولاد اروپا و اتحادیه ی اروپا

دنیا از نیمه ی دوم قرن بیستم به بعد علاوه بر تجربه ی آمریکا فرصت مشاهده و یادگیری از تجربه ی عظیم اروپا را نیز داشته است : یعنی حرکت آهسته و پرپیچ و خم اروپا به سوی چیزی که احتمالا" در نهایت به دولت فدرال اروپا منجر خواهد شد. در واقع دشوار می توان باور کرد که همین سال 1952 بود که **جامعه ی ذغال و فولاد اروپا (ECSC)** ایجاد شد و شالوده ی آنچه را که امروزه به نام **اتحادیه ی اروپا** می شناسیم بنا نهاد. این مؤسسه عرصه ای را برای فرانسه و آلمان به وجود آورد تا در زمینه ای که برای دو کشور از اهمیت متقابل عظیمی برخوردار بود، همکاری کنند: یعنی مدیریت تولید و توزیع ذغال و فولاد که برای موجودیت اقتصادی آنها اهمیت حیاتی داشت. از آن هم سخت تر باور کردن این واقعیت است که قبل از پیدایش **جامعه ی ذغال و فولاد اروپا** تاریخی طولانی از کینه و دشمنی شدید بین فرانسوی ها و آلمانی ها وجودداشت. در ادبیات آنها کم نیست اشاره به کینه ای که از بچگی با افتخار در خود پرورش می دادند و به این باورعمیق که دشمنی بین آنان هرگز ازبین نخواهد رفت و باعث خواهد شد که همیشه بر سرجنگ باشند. تاریخ آنها که مملو از نبردهای آنان برعلیه یک دیگر بود، شواهد مفصلی را از دشمنی دیرینه ی آنها ارائه می داد. با این وجود با ایجاد **جامعه ی ذغال و فولاد اروپا** جنگ جای خود را به صلح و همکاری روی مجموعه ای از پروژه های مورد علاقه ی دو طرف داد.

پیدایش **اتحادیه ی اروپا** نیز مانند تجربه ی آمریکا مستلزم رنج و دردی عظیم به شکل جنگی ویرانگر و خونین بود، یعنی جنگ دوم جهانی. اما همان طور که ژان مونه، پدر **جامعه ی ذغال و فولاد اروپا** پیش بینی کرده بود، این اتحادیه از زمان تولدش به آرامی در جریانی به سوی یکپارچگی روز افزون پیش رفته است، جریانی که وی آن را به افزودن حلقه به زنجیره ی ادغام تدریجی تشبیه کرده بود. درنتیجه **اتحادیه ی اروپا** با آنکه هنوز یک فدراسیون نیست، اما در مورد روند ها و نهادهائی که باید از آنها تقلید و یا احتراز کنیم، درسهائی به ما می دهد.

تجربه ی اروپا پس از جنگ جهانی دوم نشان می دهد که کشورهای جهان اگر متقاعد شوند که این کار به نفع آنهاست، قادر هستند و حاضر می شوند که از حق حاکمیت خود در بخش های مهمی از اقتصاد خود صرف نظر کنند. وظیفه ی ما آن است که استدلال های قوی و قانع کننده ای را فراهم آوریم که به هریک از کشورها نشان دهد به نفع آنهاست که در حوزه های محدود و مشخصی حق حاکمیت خود را به یک مجلس قانونگزاری بین المللی تفویض نمایند، نهادی که منافع آنها را بهتر از وقتی که خودشان به تنهائی اقدام می کنند، میتوان تامین کند.

در پایان جنگ جهانی دوم کشورهای اروپائی خود را در خندق خرابی و ویرانی مادی و فقر گسترده ی اقتصادی گرفتار دیدند. کشورهای اروپای غربی تمام انرژی خود را صرف بازسازی اقتصادی کردند، امری که نیاز به مقادیر عظیمی از ذغال و فولاد داشت. فولاد برای مقاصد مختلفی مثل ساختن راه آهن، ساختمان، پل، کشتی، وسائل نقلیه و ماشین آلات لازم بود. با وجود تقاضای زیاد برای موادخامی که برای تولید فولاد لازم بود، بخصوص ذغال سنگ که برای روشن کردن کوره های فولاد به کار می رفت، عرضه ی این مواد با کمبود رو به رو بود. به طور خلاصه ذغال سنگ و فولاد دو کالای ضروری برای احیای اقتصادی و بازسازی اروپا به شمار می آمدند. نقشی که این دو کالا در پیشرفت اقتصادی و رفاه اروپا بازی می کردند بسیار شبیه نقشی بود که امروزه نفت و گاز و نیروی اتمی در پیشرفت اقتصادی کشورها دارند. آلمان همیشه از موهبت طبیعی وفور معادن ذغال سنگ برخوردار بود اما این کشور دو جنگ جهانی را به مدد صنایع نیرومند ذغال سنگ و فولاد خود آغاز کرده بود. سئوال این بود که با ذغال سنگ و فولاد آلمان چه باید کرد؟ کشورهای پیروز اروپای غربی که آلمان آنها را اشغال کرده بود، تصور می کردند که از یک طرف به ذغال سنگ و بازارهای آلمان دست پیدا می کنند، و از طرف دیگر تولید فولاد آلمان را به شدت محدود می کنند. [9]

آلمان مدتها بود که از نظر ذغال سنگ، بخصوص ذغال کک که در تولید فولاد به کار می رود، غنی به شمار می رفت، و فرانسه مدتها بود که به این ذغال به عنوان منبع حیاتی قدرت اقتصادی طمع داشت و در مقابل قدرت اقتصادی آلمان که مبنی بر صنعت قویش بود احساس ناامنی می کرد.[10] فرانسه خودش از نظرزمین شناسانه از منابع ذغال سنگ چندانی برخوردار نبود و برای تأمین ذغال خود به آلمان متکی بود. بنابراین تعجبی ندارد که رقابت بر سر این منبع مدتها منشاء اختلاف در اروپا بود و باعث آرزوی کنترل بر زمین های یک دیگر بخصوص در میان فرانسه و آلمان دامن بود. استان فرانسوی آلزاس- لورن [Alsace-Lorraine] و ذخائر سنگ آهنش در سالهای 1871، 1918، 1940 و 1945 بین این دو کشور دست به دست شد. پس از جنگ جهانی اول و از سال 1919 تا 1935 بخش سار [Saar]آلمان، که غنی از ذغال سنگ بود، توسط **جامعه ی ملل** اداره می شد و اختیارمعادن آن به عنوان جبران خسارتی که آلمان به معادن ذغال سنگ فرانسه وارد کرده بود، به این کشور داده شده بود. در سال 1923 قوای فرانسه و بلژیک حوزه ی تولید ذغال روهر [Ruhr Basin] آلمان را برای جبران کوتاهی آلمان در پرداخت خسارات جنگی تصرف کردند، خساراتی که این کشور تحت معاهده ی ورسای که به جنگ جهانی اول پایان داد، ملزم به پرداخت آن بود.[11]

پس از جنگ جهانی دوم فرانسه که یک بار دیگر به ذغال سنگ آلمان برای بازسازی خود احتیاج داشت، از سال 1945 تا 1957، کنترل معادن سار را به دست گرفت. با بهبود مستمر صنعت فولاد آلمان، دو کشور درمسیررقابت تصادم آمیزی قرار گرفتند که بیم آن می رفت به یک جنگ ویرانگر دیگر بیانجامد. این واقعیت که ذغال سنگ و فولاد شرط لازمی برای قدرت نظامی نیز به شمار می رفتند، اوضاع را وخیم تر می کرد.

نخست وزیر زمان جنگ انگلستان ، یعنی وینستون چرچیل، و رئیس جمهور آمریکا، فرانکلین روزولت، در ابتدا به این نتیجه رسیدند که بهترین راه برای این که نگذارند آلمان برای شروع یک جنگ دیگر سلاح جمع کند، آن است که صنایع فولاد و ذغالش را تجزیه کنند و تولید فولادش را محدود سازند. فرانسه به این امید که تقسیم آلمان همراه با تجزیه ی صنعتی آن، رقیب کبیرش را برای همیشه از پای درآورد، از این سیاست حمایت کرد.[12] سیاست فرانسه آن بود که اقتصاد خود را از نظر بین المللی قابل رقابت سازد و با محدود کردن ظرفیت فولاد آلمان وبه طور همزمان تقویت صنعت فولاد خود، و دسترسی از یک سو به ذغال کک، و از سوی دیگر به بازارهای آلمان، صلح و امنیت را تضمین نماید. فرانسه همچنین می

خواست درهمان حال که صنعت فولاد آلمان را تجزیه می کند، منطقه ی روهر را به یک منطقه ی بین المللی و خارج از اختیار آلمان بدل سازد. [13]

در واقع در ابتدا تولید فولاد آلمان از سوی **هیئت های نظارت برذغال و فولاد متفقین** و دولت های نظامی محدود شد، و کارخانه های تولید فولاد آلمان در برخی از مناطق، تحت اختیار دولت های نظامی ایالات متحده و بریتانیا قرار گرفت. کارتل های تاریخی ذغال و فولاد آلمان نیز تجزیه شد و شرکت های بزرگ تقسیم شدند، تا تمرکز قدرت اقتصادی در این صنعت را کاهش دهند. [14]

اما ایالات متحده و انگلستان خیلی زود تشخیص دادند که تضعیف و تقسیم آلمان فکر چندان خوبی هم نیست: یک آلمان قدرتمند، متحد و از نظر اقتصادی تجدید حیات یافته، که تحت شرایط کنترل شده ایجاد شده، باشد بیشتر منافع اروپا را تأمین می کرد، چرا که می توانست نقش مهمی را در توانبخشی اقتصادی اروپا بازی کند. [15] خطر دیگری نیز از سوی کمونیسم و اتحاد جماهیر سوسیالیستی شوروی به وجود آمده بود و آلمان بهترین سپر در مقابل خطر گسترش شوروی، و برای دفاع از بقیه ی اروپای غربی، به شمار می آمد. [16] اما برای این منظور، آلمان می بایستی قاطعانه و محکم در اردوی کشورهای غیرمتحد با شوروی قرار می گرفت. این هدف باعث شد که به احیای اقتصادی آلمان شتاب داده شود. آلمان که صنایع ذغال و فولادش دست نخورده باقی مانده بود در سال 1949 به نحو بی نظیری قدرت اقتصادی خود را باز می یافت. در همین حین فرانسه برای احیای خود نیازشدیدی داشت که با شرایط مطلوبی به ذغال و فولاد آلمان دست پیدا کند. بعلاوه تصوریک آلمان غربی متحد و بازسازی شده، بر نگرانی فرانسه می افزود. به طور خلاصه هرکدام از کشورهای اروپائی در عین حال که نگران بودند چگونه به ذغال و فولاد کافی برای تجدید بنای زیرساخت ها و احیای اقتصادی خود دست پیدا کنند، مشتاق بودند که صنایع سنگین آلمان را نیزمهار کنند و از بازسازی ماشین جنگی آلمان، که ممکن بود باردیگر برعلیه فرانسه به کار افتد، جلوگیری نمایند. تجاوزکاری آلمان باید متوقف و تضمین می شد که جنگ دیگری به علت دسترسی آسان به ذغال و فولاد، یا به انگیزه ی به دست آوردن مناطقی که از نظر این دو کالا غنی هستند، آغاز نمی گردد.

کشورهای اروپائی در وضعیت بغرنجی قرار داشتند و اگر به خاطر برنامه ی زیرکانه ی ژان مونه [Jean Monnet] نبود، ممکن بود مدتها در همین وضع باقی بمانند. ژان مونه عضو کمیسیون برنامه ریزی فرانسه و فوق العاده بصیر و

خردمند و وسیع النظر بود. وی به عنوان یک فرانسوی صلاح کشور خود را می خواست، اما به معنای آن که بخواهد به ضرر سایر کشورهای اطراف و از جمله آلمان، به نفع کشور خود عمل کند، ملی گرا نبود. مونه براین باور بود که راه تضمین موفقیت فرانسه و سایر کشورهای اروپائی آن است که راه حل هائی پیدا کنند که به نفع همه باشد و با همه ی کشورها با روح برابری معامله کند. وی اعتقاد راسخی داشت به این که به جای تلاش برای ایجاد توازن بین منافع ملی رقیب، باید در جهت ترکیب و ادغام منافع جمعی کوشید، و باید به طور مشترک به حل مشکلات مشترک پرداخت. وی براساس این اصول یک برنامه ی مشترک برای تولید و مصرف ذغال و فولاد در دوره ی بعد ازجنگ طراحی نمود. در اثر برنامه ی ابداعی وی تغییر جهت کاملی در سیاست فرانسه به وجود آمد، تغییر جهتی از کنترل و مقابله ی با آلمان، به سوی همکاری صمیمانه با دشمن تاریخی، فرانسه.

مونه اعتقاد شدیدی داشت که متحد شدن به صورت **ایالات متحده ی اروپا** به نفع اروپا خواهد بود. اما عاقلانه تشخیص می داد که ملت های این قاره هنوز برای قبول چنین فکری آماده نیستند و آن را نمی پذیرند. در عوض برنامه ی زیرکانه ای تهیه کرد که به کشورهای اروپائی نظیر آلمان و فرانسه فرصت می داد همکاری نزدیکی را در بخش محدودی از اقتصاد، یعنی ذغال و فولاد، داشته باشند و به طور مشترک این منابع را مدیریت نمایند. وی معتقد بود که موفقیت در این تجربه به کشورهای اروپا اطمینان و اعتماد و اشتیاق لازم را خواهد داد تا دارائی های خود را در سایر عرصه ها نیز یکپارچه کنند و حلقه های روز افزونی را به زنجیره ی درحال افزایش اتحاد بیفزایند تا سرانجام، حتی اگر شده پس از مدتی طولانی، به فدراسیون اروپا منجر گردد.

مونه که اهمیت محوری ذغال و فولاد را برای قدرت نظامی و اقتصادی کشورهای اروپائی و برای صلح تشخیص می داد، پیشنهاد کرد که صنایع ذغال و فولاد فرانسه، آلمان و سایر کشورهای اروپائی که مایل بودند در این برنامه شرکت کنند، ادغام و تحت مدیریت یک مؤسسه ی فراملیتی که روی آن توافق می کنند، یعنی یک مرجع عالی قرار گیرد، تا درجهت منافع مشترک کشورهای عضو عمل کند. یک اتحادیه ی گمرکی ویک بازار مشترک نیز باید برای این محصولات ایجاد می شد و این مرجع عالی باید تضمین می کرد که ذغال با شرایط برابر برای همه ی کشورهای شرکت کننده در آن عرضه گردد.[17] مؤسسه ای که براساس پیشنهاد وی به وجود آمد، به **جامعه ی ذغال و فولاد اروپا** شهرت یافت. این مؤسسه باید مراقبت می کرد که دراین بازار مشترک ذغال و فولاد، به طور منظم و با قیمت ها

و شرایط ثابت، برای همه ی مصرف کنندگانی که در کشورهای عضو هستند عرضه شود، وباید نقش خریدار و فروشنده را به طور یکجا در این جامعه بازی می کرد. به این منظور اختیارداشت اطلاعات لازم از جمله این که هر کشور به چقدر ذغال و فولاد احتیاج دارد و چقدر ذغال و فولاد مصرف می کند را جمع آوری کند، و اهداف را معین، و با نمایندگان منافع مختلف مشورت نماید.[18] **جامعه ی ذغال و فولاد اروپا** وظیفه داشت تولید ذغال و فولاد را گسترش داده، امروزی کند و کیفیت آن را بهبود بخشد. همچنین بایستی تضمین می کرد که همه ی دولت های شرکت کننده، منابع استراتژیک ذغال و فولاد خود را به اشتراک بگذرانند و مصرف کنندگانی که موقعیت یکسانی در بازار مشترک دارند دسترسی برابری به کالاهای لازم داشته باشند، و به این ترتیب بتوانند کشورها و اقتصادهای خود را بازسازی نمایند. همچنین تحت شرایط مشخص **جامعه ی ذغال و فولاد اروپا** به دنبال پائین ترین قیمت ها بود.[19] به علاوه این جامعه موظف بود سرمایه گزاری را تشویق و هدایت کند، صادرات مشترک به سایر کشورها را گسترش دهد، و شرایط زندگی کارگران را در صنایع ذغال و فولاد تعدیل نماید و بهبود بخشد.[20]

مونه پروژه ی خود را به ذغال و فولاد محدود کرد تا فضای محدود اقتصادی آن باعث شود فرانسه و آلمان راحت تر آن را بپذیرند. به علاوه شفافیتی که در **جامعه ی ذغال و فولاد اروپا** وجود داشت بسبب این که آن جامعه به نفع همه ی کشورهای عضو کار میکرد، مزیت بسیارمهم دیگرهم وجود داشت که ترس غالبی را که فرانسه در مورد آلمان داشت از بین می برد، ترس از این که مبادا آلمان از منابع غنی ذغال سنگ و از صنعت نیرومند فولاد خود برای ساختن سلاح و برپا کردن یک جنگ دیگر اروپائی استفاده کند.

بالاخره شش کشور اروپای غربی، هرچند بعد از بحث های شدید در مجالس قانونگزاری خود، قانع شدند که اگر منابع ذغال و فولاد خود را درهم ادغام کنند و به طور جمعی عمل کنند، بیشتر به نفع کشورهای آنهاست تا وقتی بخواهند به طور فردی اقدام کنند. در نتیجه گرد هم آمدند و **جامعه ی ذغال و فولاد اروپا** را تشکیل دادند که فوق العاده موفق بود واز آن مهمتر صلح پایدار را برای اروپا به ارمغان آورد و شالوده ی چیزی شد که امروزه به نام **اتحادیه ی اروپا** می شناسیم.

به این ترتیب تجارب اروپا پس از جنگ های اول و دوم جهانی نشان داد که می توان به اتحاد بیشتر رسید و رهبران سیاسی و مردم کشورهای مختلف می توانند این واقعیت را، که اتحاد به نفع تک تک آنهاست، تشخیص بدهند. تحمیل خسارات جنگی برای مجازات، و تحت اختیاردرآوردن منابع کلیدی صنعت به امید تأمین

احتیاجات اقتصادی و امنیتی کشورها به طور جداگانه، همان طور که پس از جنگ جهانی اول به اثبات رسید، صلح را تضمین نمی کند و حتی خطر جنگ را افزایش می دهد. تشکیل فدراسیون همراه با کنترل واقعا" مشترک و واقعا" یکسان همان منابع، همان طور که ایجاد **جامعه ی ذغال و فولاد اروپا** پس از جنگ دوم جهانی نشان داد، می تواند همه ی این اهداف را تأمین نماید. تک تک کشورها و ملت ها را می توان متقاعد کرد که بفهمند منافع هر کدام ازآنها در واقع در گرو تأمین مصالح جمعی آنهاست.

اکنون در کجا ایستاده ایم؟

از نیمه ی اول قرن بیستم بشریت گامهای بلندی، هرچند به طور آزمایشی، در جهت آن چه که باید سرانجام به یک جامعه ی جهانی متشکل از کشورهای هم پیمان بدل گردد، برداشته است.

جامعه ی ملل

پس از جنگ جهانی اول **جامعه ی ملل** ایجاد شد که اولین تجربه ی جهان از یک نهاد واقعا" جهانی با مسئولیت حفظ صلح و جلوگیری از جنگ، به شمار می رود. قرار شد اختلافات از طریق مذاکره حل شوند و نه از راه جنگ و اگر این مذاکرات موفق نبود از تحریم های اقتصادی استفاده شود، و اگر آنهم مؤثر نبود کشورها قدم به میان بگذارند و به طور جمعی برای بازگرداندن صلح مبارزه کنند. هرچند **جامعه ی ملل** کارهای مفیدی انجام داد، مثلا" سطح آگاهی مردم را نسبت به بیماریهای اجتماعی بالابرد، و یا مبارزه ای را برعلیه جزام و آبله مرغان آغاز کرد، اما سرانجام به علت برخی از معایب مهم، از رسیدن به هدف عالی حفظ صلح بازماند. یکی از این معایب آن بود که عضویت در این جامعه عمومی نبود ودر واقع کشورهای مهمی مثل ایالات متحده، آلمان و روسیه به آن نپیوستند. علاوه برآن، کشورهای عضو هم از دادن حق تصمیم گیری به آن خود داری کردند و خواستار آن بودند که همه ی تصمیمات به اتفاق آرا گرفته شود. این ضعف همراه با این واقعیت که این جامعه فقط چهار بار در سال تشکیل جلسه می داد، جدا" به کار آن لطمه زد. این ضعف ها به علّت بی میلی کلی اعضا به ایجاد یک ارتش دائمی یا حتی استفاده از مجازات های اقتصادی یا نظامی برای تنفیذ تصمیماتی که در مورد کشورهای متمرد گرفته می شد، تشدید یافت. به علاوه فعالیت این جامعه که متکی به کمک های مالی داوطلبانه بود از کمبود بودجه ی مزمن رنج می برد. خیلی زود معلوم شد که مرجعیت اخلاقی این جامعه به تنهائی نمی تواند کاری برای ازبین بردن خطرات روزافزونی که صلح را تهدید می کرد، انجام بدهد. بنابراین تعجبی نداشت که سرانجام **جامعه ی ملل** شکست خورد و جهان خود را درگیر ودار یک جنگ دیگر جهانی اسیر یافت.

سازمان ملل متحد

جهان پس از رنج و وحشت غیرقابل تصوری که در طول جنگ دوم جهانی تحمل کرد تشخیص داد که نمی تواند بدون یک سازمان بین المللی که وظیفه اش حفظ صلح باشد، به حیات خود ادامه دهد، درنتیجه **سازمان ملل متحد** با هدف صریح برآوردن نیازهای بشریت از چندین جهت ایجاد شد : حفظ صلح و تضمین پیشرفت اقتصادی و اجتماعی همه ی کشورها.

سازمان ملل متحد کمک های عظیمی به رفاه بشریت کرده و به مسائلی پرداخته که برای میلیونها نفر در سراسر جهان حائز اهمیت بوده است مانند لزوم تعلیم و تربیت، رعایت حقوق بشر، برابری زن و مرد، رفع فقر و ثروت مفرط، حفظ صلح و امنیت، کمک به کسانی که در اثر بلایای طبیعی، قحطی و شیوع بیماریهای واگیردار نیازمند کمک هستند، ترویج توسعه ی اقتصادی و اجتماعی، مبارزه با بیماریها و بهبود بخشیدن به سطح زندگی. این سازمان همچنین عرصه ی بسیار باارزشی را برای کشورهای مختلف فراهم ساخته است تا در آن گرد هم آیند و درباره ی مصالح جمعی به بحث پردازند، هرچند اختلاف نظر زیاد است اما این سازمان می کوشد تضمین نماید که این اختلافات بدون توسل به زور، حل شوند. تا بحال **سازمان ملل** ما را از بلایای یک جنگ سوم جهانی حفظ کرده است. اما معلوم نیست که بتواند بدون انجام اصلاحات عمده، موج مشکلاتی را که جهان را در خطر غرق شدن قرارداده، پس بزند. **سازمان ملل** تا به حال نتوانسته است راه حل های کارآمدی برای بزرگترین چالش های زمان ما پیدا کند، چالش هائی نظیر گرم شدن زمین با همه ی مشکلاتی که به دنبال دارد، تولید اتمی با همه ی خطرات آن برای صلح و امنیت جهان، موارد مکرر نسل کشی، تروریسم، رفتارهای متجاوزانه کشورها نسبت به یک دیگر و بیماریهای بالقوه همه گیری، مانند ابولا. روز به روز بیشتر معلوم می شود که اگر **سازمان ملل** از عهده ی این شرایط بر نیاید و اصلاحات کافی برای پاسخگوئی به نیازهای مهم جمعی و مشکلات امروزی در آن صورت نگیرد، ضرورتا" جای خود را به مؤسساتی نوین خواهد داد که از عهده ی آن برآیند.

اتحادیه ی اروپا

پس از جنگ جهانی دوم تجربه ی دیگری، هرچند در مقیاسی کوچکتر، در فدرالیسم فزاینده آغاز گردید. همان طور که پیشتر گفتیم، شش کشور اروپای غربی

برای تضمین این که همه ی این کشورها، بخصوص فرانسه و آلمان، به طور برابر و عادلانه ای و بدون آن که بذر جنگ جهانی سومی کاشته شود، به ذغال و فولاد لازم برای بازسازی کشورها و اقتصادهای در هم شکسته ی خود دسترسی داشته باشند، توافق کردند که منابع ذغال و فولاد خود را ادغام کنند و در اختیار یک سازمان فراملیتی بگذارند، تا براساس منافع جمعی همه ی دولت های عضو تصمیم گیری نماید. این گام منجر به تشکیل **جامعه ی ذغال و فولاد اروپا** گردید، که پیرو چیزی بود که در طول زمان به صورت **اتحادیه ی اروپا** ی امروزی درآمد. گرچه جریان این تحول کند و پرپیچ وخم بوده و از دوره های متوالی بحران و پیروزی گذشته، اما تا کنون در ادغام تدریجی منافع کشورهای عضو که اکنون تعدادشان به 28 می رسد، موفق بوده است. از همه مهمتر آن که برای اروپا صلح پایداری را به ارمغان آورده است. کشورهای جامعه ی اروپا در هر مرحله که با بحرانی روبه رو می شدند سرانجام کشف می کردند که چاره ی مشکلاتشان در یکپارچگی بیشتر است. اخیرا" اروپا با تازه ترین امتحان خود به صورت بحران های شدید و مکرر مالی رو به رو بوده است. مانند همیشه سئوال این است که آیا باز هم یکپارچه تر گردد و به یک ابرحکومت اروپائی نزدیک تر شود، یا بندهای اتحاد را سست کند و به صورت حکومت های ملی پراکنده برگردد و تکه تکه شود. در این میان قرارگرفتن اوکراین در آشوب سیاسی، وجدا شدن کریمه و ضمیمه شدن آن به روسیه، و قرار داشتن اوکراین شرقی در آستانه ی جدائی و انضمام، انگیزه ی دیگری را به اروپا داده تا اتحاد خود را محکم تر کند و در مقابل آنچه که تجاوزکاری های روسیه می داند، ایستادگی نماید.

تجربه ی جهان از **جامعه ی ملل ، سازمان ملل متحد و اتحادیه ی اروپا** ،همه بسیار ارزشمند بوده است. در هرکدام از این تجربیات شاهد علائم امید بخشی هستیم حاکی از این که جهان در حال حرکت به سوی وحدتی عمیق تر می باشد. اما تجربیاتی که در زمینه ی حکومت جهانی داشته ایم به اندازه ی کافی پیش رفته نبوده، چرا که هنوز در مورد اصول اساسی لازم برای ایجاد مؤسسات تصمیم گیری که در بالا توصیف شد، به توافق نظر نرسیده ایم. این مؤسسات ضروری هستند تا بتوانیم یک بار و برای همیشه علل ریشه ای چالش های جهانی که ما را در این مرحله از رشد اجتماعی جمعی در برگرفته اند، از بین ببریم. دلیل قاطع براین که این تجربیات به اندازه ی کافی پیشرفته نبوده اند، آن است که برای بشریت رفاه و صلح پایدار به ارمغان نیاورده اند و چالش برانگیزترین مشکلات جهانی زمان ما را حل نکرده اند. اما این تجربیات با آموختن این که چه چیزهائی جواب می دهد و کدامها جواب نمی دهد، و همچنین با پرتو افکندن بر بهترین

مسیری که می توانیم انتخاب کنیم، و همچنین بردام هائی که در این مسیر وجود دارد، نقش مهمی را ایفا کرده اند. حال که با این تجربیات قوی تر شده ایم، می توانیم با اطمینان به سوی بنای یک فدراسیون جهانی حرکت کنیم، فدراسیونی که همه ی نهادهای تصمیم گیری جمعی را که به شدت به آنها نیاز داریم، دربر خواهد داشت.

فدراسیون جهانی مشکلات جهان را حل می کند

همچنان که رویدادهای جهان ما متلاطم ترو آشفته تر و مشکلات جهانی بیشتر و شدیدتر می گردد، خود را در مقابل یک انتخاب ساده و روشن می بینیم : یا باید اتحاد خود را قوی تر سازیم و یا باید تن به نابودی بسپاریم. متأسفانه این واقعیت که به نظر می رسد چند مرحله از مراحل رشد جمعی خود را جا انداخته ایم، وضعیت پرمخاطره ی ما را وخیم تر کرده است. بناچار باید فورا" برای جبران رشدی که از دست داده ایم حرکت کنیم و گام های سریعی به سوی ایجاد یک فدراسیون جهانی از کشورها برداریم. حقیقت این است که راه حل همه ی مشکلات جمعی که در پیش رو داریم، از تغییرات آب و هوائی و نیاز به انرژی پاک گرفته، تا تأمین نیازهای جمعیت در حال رشد سریع جهان به غذا و آب و انرژی، تا ستون زدن زیرنظام مالی جهان برای جلوگیری از سقوط آن، تا ضربه های مستمر نسل کشی، تا تکثیر سلاحهای کشتار جمعی، و تا رفتار کشورهای متمردی که از تروریسم حمایت می کنند یا به نحوی دیگر نسبت به سایر کشورها رفتارهای تجاوز کارانه دارند ،همه و همه، در ایجاد یک فدراسیون جهانی است، یعنی ایالات متحده ی جهان.

هرچه در برداشتن گامهای لازم در مسیر ساختن یک فدراسیون جهانی بیشتر تعلل کنیم، از نظرجسمی و روحی رنج بیشتری خواهیم کشید. بنابراین باید اکنون عمل کنیم، قبل از آنکه مشکلات جهانی که دچار آن هستیم، خسارات جبران ناپذیری را به ما وارد سازند. فقط تغییرات آب و هوائی به تنهائی می توانند دنیای ما را ویران کنند: همان طور که دما بالا می رود، کوههای یخ با سرعت بی سابقه به آب شدن ادامه می دهند و سطح آب دریا ها را بالا می آورند، و بسیاری ازجوامع ساحلی و جزیره ای و ازجمله بسیاری از ملت های جزیره نشین را از صفحه ی روزگار محو می کنند. آوارگی مردم و به همراه آن کاهش زمین های قابل کشت و منابع آب آشامیدنی عاقبت به جنگ بر سر زمین وغذا و آب و سایر انواع منابع خواهد انجامید. خطر کشتار اتمی نیز هنوز با ماست. پس باید اکنون عمل کنیم قبل از آن که در یک لحظه ی خشم به استفاده از سلاحهای اتمی که هنوز فراوان داریم، وسوسه شویم، یا قبل از آن که در اثر یک اشتباه چنین کشتاری را آغاز نمائیم. باید اکنون عمل کنیم قبل از آن که یک شکست کامل مالی با همه ی فلاکت اقتصادی و

درد و رنج انسانی که به همراه دارد، ما را در بربگیرد. باید اکنون عمل کنیم قبل از آن که عطش سیری ناپذیر به انرژی، ما را به یک جنگ مرگبار بر سر منابع بکشاند. باید اکنون عمل کنیم قبل از آن که مردمان بسیار دیگری در اثر نقض فاحش حقوق بشر کشته، یا شکنجه، و یا از خانه های خود آواره شوند، و باید اکنون عمل کنیم قبل از آن که یک بیماری واگیردار، بخش مهمی از نژاد بشری را از صفحه ی روزگار محو نماید.

اگر هرکدام از چالش های جهانی را در نظر بگیریم و تصور کنیم که با بکارگیری روشمندانه ی اصولی که در این نوشته توصیه شده و در زمینه ی زیرساخت های فدرال جهانی که در اینجا پیشنهاد شده چگونه ممکن است حل شوند، شاید تعجب کنیم که راه حل های مؤثرو عملی و قابل استفاده خیلی آسانتر از آنچه به علت دامنه وشدت مشکلات انتظار داریم، پیدا می شوند. این تمرین را در این فصل در زمینه ی سه حوزه ی وسیع از چالش های جهانی انجام می دهیم، که با بحران مالی اروپا شروع می شود و با نمونه های مختلفی از رفتارهای برهم زننده ی ثبات، که برخی از حکومت ها از خود نشان می دهند، از جمله نقض فاحش حقوق بشر، تکثیر اسلحه اتمی، و تجاوز ارضی دنبال می گردد، و سرانجام با چالش دوگانه ی تغییرات آب و هوائی و تقاضای روزافزون برای انرژی، پایان می پذیرد.

بحران مالی جهانی

جهان از دهه ی هشتاد میلادی به بعد بحران های مالی متوالی ای را به چشم دیده است که برخی محدودتر و خاص مناطق کوچکی از جهان، و برخی گسترده تربوده اند. این بحران های متوالی با عدم پرداخت بدهی کشورهای آمریکای لاتین در دهه ی هشتاد شروع شد، و با بحران های ارزی در بخش هائی از اتحادیه ی اروپا در سال های 1993-1992، بحران مالی آسیا در 1998-1997 و بحران مالی روسیه در سال 1998 دنبال گشت. همچنان که بر تعداد بحران های مالی افزوده می شد، دامنه و شدت آنها هم افزایش می یافت. در سال 2008 جهان دچار چیزی شد که به **بحران مالی جهانی** مشهور گشت و منجر به کاهش فعالیت های اقتصادی در سراسر جهان درحین رکود جهانی 2012-2008 گردید. این بحران و رکودهائی که به دنبال آن آمد، یکی از علل بحران بدهی دولتی در اروپا بود که هنوزهم ادامه دارد. بعید به نظر می رسد که ما به انتهای این بحران های متوالی رسیده باشیم، بلکه برعکس به احتمال زیاد، اینها پیش لرزه هائی هستند برای هشدار دادن درباره ی زلزله ی مالی عظیمی که خواهد ویرانی مالی و اقتصادی و

رنج و درد انسانی بی اندازه ای را به بار آورد. در واقع با وجود اطمینان هائی که رهبران اروپائی در مورد نجات از بحران می دادند، از آگست 2014 زمزمه هائی در مورد بحران رشد آغاز شد که امکان دارد بزرگترین اقتصادهای اروپا و ازجمله آلمان، فرانسه و ایتالیا را در بربگیرد. همان طور که مجله ی *اکونومیست* نتیجه گیری کرد: « بحران اروپا نرفته است، بلکه فقط پشت در منتظراست.»[21] پس از آن چندی نگذشت که گزارش های حاکی از این که اقتصاد اروپا رشد بسیار کندی را تجربه می کند و در خطر یک رکود سه گانه است، نگرانی شدیدی را در میان سیاستگزاران جهانی ایجاد کرد. نگرانی های شدیدی بخصوص در مورد ضعف «بزرگان سه گانه» یعنی آلمان، فرانسه و ایتالیا، که به طور سنتی بزرگترین ترین و قوی ترین اقتصادهای اروپا به شمار می آیند، ابراز می شد. آلمان که عموما" موتور اقتصادی اروپا به حساب می آید در ربع سوم سال 2014 به نحو معجزه آسائی از رکود رها شد، در حالی که اقتصاد فرانسه دچار کساد و اقتصاد ایتالیا دچار سومین رکود خود در پنج سال اخیر بود.[22]

وقتی برای اولین بار بحران بدهی دولتی در اروپا پیش آمد، دنیا را به وحشت انداخت. شش سال بعد رهبران جهان بار دیگر از این که چرا اقتصاد اروپا نمی تواند پس از **بحران مالی جهانی** خود را احیا نماید، ابراز نگرانی کردند. می توان پرسید که چرا جهان به این مسئله اهمیت می داد؟ علت آن این واقعیت روشن است که همه ی کشورها در یک جهان به هم پیوسته، که سرنوشت مالی شان در آن به نحو جدائی ناپذیری با سرنوشت دیگران به هم تنیده شده است، زندگی می کنند. وقتی رهبران مالی و سیاسی در کشورهائی نظیر ایالات متحده و چین درباره ی اثرات بحران اروپا بر رفاه اقتصادی کشورخود و خطرات یک رکود گسترده ی جهانی ابراز نگرانی کردند، این واقعیت را به رسمیت شناختند. رهبران جهان هم به طور خصوصی و هم به طور علنی درباره ی این که مشکلات اروپا دارد کشورهای آنها را هم به زیر می کشد هشدار دادند. رسانه های خبری این نگرانی ها و ریشه هائی را که در به هم پیوستگی جهانی دارند، منعکس کردند. در نتیجه مجله ی *اکونومیست* بدون پرده پوشی نوشت «..فقط یورو نیست که درخطر است بلکه آینده ی **اتحادیه ی اروپا** و سلامت اقتصاد کل جهان به خطرافتاده است.»[23] کشورهای جهان نگران بودند که یک سقوط دیگردر نظام مالی مانند سقوط سال 2008 جهان را به لرزه اندازد و اروپا، ایالات متحده و کشورهای در حال ظهور را به یک رکود طولانی مدت، یا بدتر از آن، محکوم کند. ایالات متحده آنقدر دستپاچه بود که وزیر خزانه داریش را چند بار برای مشاوره در مورد بحران بدهی دولتی به اروپا فرستاد. هدف اصلی از این کار آن بود که اروپا را تحت فشار قرار

دهد، تا قاطعانه به نفع اقتصاد جهانی اقدام نماید.[24] به هم پیوستگی جهانی به نحو دیگری نیز نمایان شد: اروپائی ها امید داشتند، هرچند امیدی واهی، که چین کمک کند و آنها را از دردسری که خود باعث آن بودند، نجات دهد. [25]

جای تعجب ندارد که اقتصاددانان، سیاستمداران، کارشناسان اتاق های فکر، دانشگاهیان و روزنامه نگران کوشیده اند تا علت بروز این بحران ها و این که در آینده چگونه می توان از آنها جلوگیری کرد را توضیح دهند. پیشنهادها و توصیه های آنان برای حل مشکلات مالی جهانی مستقیما" به یک یا چند اصل از اصولی مربوط می شود که در جعبه ابزار پیشنهاد شده برای بنای یک فدراسیون جهانی وجود دارد.

انکار را کنار بگذاریم و از اشتباهاتمان بیاموزیم

لازم است که رهبران مابا این واقعیت روبرو شوند که هم مصرف کنندگان و هم دولت ها که با کمک بانک ها که اوراق بهادار دولتی را خریدند، و به این صورت به دولاتها قرض دادند، در قرض گرفتن و بدهی بالا آوردن افراط کرده اند. برای خلاص شدن از این رفتار و عواقب آن، و جایگزین کردن آن با رفتارهای تازه و ازنظر اقتصادی سالمتر، لازم است که مردمان و رهبران کشورها خود را با رشد کمتر وفق بدهند، وخود را به پرهیزی مالی و پرداخت مالیات هموار سازند. هرچقدر هم که این حقیقت تلخ و این راه حل های کوتاه مدت دردناک باشند، اما از عواقب دراز مدت عدم اقدام بهترند. به علاوه لازم است که رهبران ما به جای دست زدن به اقدامات نیمه کاره، به امید پنهان کردن دامنه ی کامل مشکلات، قاطعانه تصمیم بگیرند. آنها باید این کار را هرچه زودتر بکنند. مفسران و تحلیل گران بحران مالی کم کم علنا" ازاین ضرورت سخن می گویند که رهبران جهان به مشکلات خود اعتراف کنند و درباره ی آنها با شهروندان خود با صداقت و صراحت حرف بزنند، و چرخه ی انکار را متوقف سازند.

برای مثال، مجله ی اکونومیست در گزارشات منظم خود درباره ی بحران مالی و در تعدادی از مقالات خود در سال 2010-2011 مدام این مضامین را منعکس می کرد. این مجله در دسامبر 2010 نوشت : «فروپاشی یورو غیرقابل تصور نیست، اما بسیار گران تمام می شود. رهبران اروپا چون نمی خواهند امکان وقوع چنین چیزی را قبول کنند، دست به اقداماتی که برای جلوگیری از آن لازم است، نمی زنند.»[26] هفت ماه بعد اکونومیست در یک مقاله ی دیگر نوشت : « بیش از یک

سال است که نمایش بدهی منطقه ی یورواز یک صحنه ی وحشت آور به سوی یک صحنه ی وحشت آور دیگر تلو تلو می خورد.» و اضافه کرد «هربار سیاستگزاران اروپائی واکنش مشابهی نشان داده اند: انکار و دودلی و به دنبال آن ارائه ی یک برنامه ی نیم پز نجات در آخرین لحظه برای خریدن زمان.»[27] این مجله در نوامبر 2011 ضمن اظهار نظر درباره ی آشفتگی مالی یونان از این واقعیت افسوس خورد که با وجود هشدارهائی که از همان اواسط سال 2009 داده شده بود، اروپا دست به انکار و مصلحت طلبی زد: «...یک الگوی وسیع انکار...یونان را به لبه ی پرتگاه کشانید و حال یورو را به فروپاشی تهدید می کند.». مجله ی *اکونومیست* به حق، تقصیر را به گردن «سیاستمداران و سیاستگزاران وبانکدارانی» انداخت که «همگی خطرات را دست کم گرفتند در حالی که اکنون که به گذشته می نگریم، می بینیم این خطرات به اندازه ی کافی واضح و روشن بودند.»[28]

بعلاوه ، سیاستمداران، اقتصاددانان و سایر متفکرین همه به این نتیجه رسیده اند که باید از اشتباهات گذشته ی خود درس بگیریم و آنها را تکرار نکنیم. پیترمندلسون[Peter Mandelson]، وزیر سابق کابینه ی انگلیس طی مصاحبه ای در تابستان 2012 گفت که ما باید خطرات دوران رشدی را که محرکش اعتبارات مالی بود، تشخیص می دادیم، و از قبل در مورد برخی از حباب های دارائی اقدام می کردیم. [29] رئیس جمهور سابق فرانسه، نیکولاس سارکوزی، نیز از این فکر که اروپا باید تغییر کند، پشتیبانی کرد و هشدار داد که اگر این کار را نکند، امکان هست بحران یورو آن را «به کلی نابود» کند. [30]

همه ی این مشاهدات و اظهار نظرها نشان دهنده ی درک رو به افزایشی از این واقعیت است، که مؤسسات ، سیاست ها و قوانین بشری به این هدف ایجاد شدند که به بهترین نحو به منافع بشریت خدمت کنند و این منافع را حفظ نمایند. بنا بر این نباید اشتباه کنیم و فقط برای این که آنها را حفظ کرده باشیم خود و سعادت خود را قربانی کنیم. درواقع، اگر خط مشی یا قانون یا سیاستی دیگر به ما خدمت نمی کند باید بدون هیچگونه تردید یا پشیمانی آن را کنار بگذاریم و جای آن را به یک جایگزین سودمند تر بدهیم. چنین رویکردی نسبت به اموربشری تنها در صورت القای فرهنگ یادگیری در جامعه ی انسانی و رهبران آن، به وجود خواهد آمد. مشاهدات بالا همچنین ضرورت به کارگیری اصل صداقت و راستی را در تعاملاتی که در همه ی سطوح جامعه صورت می گیرد، و ازجمله در روابط بین نمایندگان منتخب و مردمی که این نمایندگان به آنها خدمت می کنند، نشان می دهد.

عمل سریع و قاطعانه

وقتی بحرانی به وخامت بحران یورو پدیدار می شود، عمل سریع و قاطعانه برای جلوگیری از فاجعه، بسیار حیاتی است. خوشنودی از خود خطرناک است. این نیز برای جلوگیری از فاجعه کافی نیست که اعتراف کنیم خطری جدی وجود دارد. [31] مؤسسات و الگوهای رفتاری که مانع از اقدام سریع و قاطعانه می شوند باید تغییر داده شوند. برخی این درس را در طول بحران یورو گرفتند. وزیر سابق کابینه ی انگلستان هشدار داد که زمان دارد از دست می رود و دولت های منطقه ی یورو باید برای نجات یورو قاطعانه و به سرعت اقدام کنند، اما وی نظر داد که مشکل ریشه ای واقعی، یک «مشکل مهندسی» است که مانع از اقدام سریع رهبران می گردد. [32] رسانه های خبری نیز به نفع تغییرساختاری و وحدت بیشتر اروپا استدلال و خاطر نشان می کردند که روندهای سازمانی کنونی در اروپا دارای سطوح تصمیم گیری متعدد و پیچیدگی سیاسی بیش از حدی است، که مانع از واکنش و تصمیم گیری سریع، بخصوص در زمینه ی بازارهای پرتحرک مالی، می گردد. کارشناسانی نظیر گوستاو هورن[Gustav Horn]، مدیر **مؤسسه ی سیاست های کلان اقتصاد** در دوسلدروف آلمان، نیز به ضرورت ساده تر و مؤثرتر کردن روند تصمیم گیری اشاره کرد و گفت «بازارها می بینند که اروپا نمی تواند هیچ تصمیمی را به سرعت بگیرد»، امری که منجر به بلاتکلیفی و حدس و گمان های گریز ناپذیر در همان بازارهای مالی که دچار بحران هستند، می شود. [33] وزیر امور مالی سنگاپور به کشورهای جهان هشدار داد که اقدام به موقع و مؤثر لازم است و منتظر وخیم تر شدن بحران نشوند، و همچنین گفت که یک عدم اعتماد بنیادین در مورد اعتبار اقدامات سیاسی در رفع بحران، وجود دارد. [34]

همه ی این مشاهدات و هشدارها، به ضرورت وجود مؤسسات موثر در یک فدراسیون جهانی، اشاره دارند. جهان به هیئت های تصمیم گیری نیرومند و واقعا" نماینده نیاز دارد، که قدرت و اراده ی تصمیم گیری سریع و مؤثر درجهت منافع جمعی بشریت را داشته باشند. همان طور که در تجزیه و تحلیلی آمده که در سال 2008 از سوی یکی از معتبرترین دانشگاههای آمریکا درباره ی بحران مالی جهانی منتشر شده، «یک چیز مسلم است» و آن این که : « برای حل مشکلی که سراسر جهان را در برگرفته هیچ راه حل موضعی ای وجود ندارد.» [35]

همگرائی و یکپارچگی بیشتر

حل بحران مالی منطقه ی یورو مستلزم یکپارچگی و همگرائی بیشتر است. همان طور که یکی از کارشناسان مطرح کرده است اعضای منطقه ی یورو باید اقتصادهای خود را تغییر می دادند تا به جای واگرائی، همگرائی بیشتری با هم داشته باشند. [36] سایر کارشناسان خواستار عمیق ترشدن وحدت اروپا، و حتی ایجاد وزارتی به نام **وزارت امور مالی اروپا**، به عنوان تنها راه حل برای بحران مالی اروپا و مشکل بدهی، شده اند. آن طور که رئیس سابق **بانک مرکزی اروپا** می گوید ما به یک «جهش کوانتومی» در نحوه ی اداره ی منطقه ی یورو احتیاج داریم، تا بتوانیم از بحران های سخت جلوگیری کنیم. وی قبلا" و در سال 2011 از این که رهبران نتوانسته بودند فراتر بروند، اظهار نومیدی کرده بود. [37] نوریل روبینی[Nouriel Roubini]، اقتصاددانی که به سبب پیش بینی بحران مالی 2007-2008 از اعتبار گسترده ای برخوردار است، نیز درباره ی ضرورت جلوگیری از تجزیه و تکه تکه شدن نظام بانکی اروپا، سخن گفته است. وی به نفع اتحادیه ی مالیاتی در اروپا استدلال کرده و از این که دولت های اروپائی نتوانسته اند به طور جمعی عمل کنند و به یک دیدگاه یا برنامه ی واحد برسند، افسوس خورده است. [38] از سایربخش ها نیز درخواست هائی در تأیید خواسته ی او و برای ایجاد یک اتحادیه ی بانکی[39] و یک اتحادیه ی یکپارچه ترپولی، که شامل یک اتحادیه ی مالیاتی و یک اتحادیه ی بازار مالی باشد، مطرح شده است. سرانجام یورگ آسموسن[Jorg Asmussen] از **بانک مرکزی اروپا** و قائم مقام سابق **وزیر دارائی آلمان** گفته است: «ما به یک اتحادیه ی سیاسی که از نظر اصول دموکراسی مشروع باشد، نیازمندیم»، امری که اصرار دارد «فورا"» آن را آغاز کنیم. [40] همان طور که آنتونیو بورجس[Antonio Borges] رئیس **واحد اروپائی IMF** گفته است، برای این که بحران را پشت سر بگذاریم « به اروپائی شدن بیشتر احتیاج داریم، نه کمتر». [41]

هرچند این توصیه ها و نظرات درباره ی ضرورت تجدید ساختار ریشه ای مؤسسات مالی در اروپاست، اما در جهانی که روز به روز از نظر مالی و اقتصادی به هم پیوسته تر می شود، اگر این توصیه ها و نظرات را در سطح جهانی و به نحوی که نیازها و منافع جمعی بشریت را تأمین نماید، نیز به کار بندیم، به نفع همه خواهد بود. این تنها در صورتی ممکن است که ما مؤسسات جهانی را ایجاد کنیم که نماینده ی منافع جهان باشند، و قدرت تصمیم گیری لازم را برای رسیدن به این منافع، و همچنین توان تنفیذ تصمیمات خود را، داشته باشند.

وضع مقرراتی که از نظر قانونی لازم الاجرا باشند

سیاستمداران اروپائی به نحو روز افزونی از بی کفایتی قوانین اجباری و لازم الاجرا ی فعلی برای تنظیم منطقه ی یورو سخن گفته اند. صدراعظم آلمان، آنجلا مرکل، ضمن صحبت درباره ی این واقعیت گفت که تقویت همکاری های مالیاتی درسراسر منطقه ی یورو لازم است، به نحوی که بتوان تا حدی کنترل بر اقتصاد تک تک کشورهای اروپائی داشته باشد. وی افزود: «درجائی که امروزه توافقنامه داریم، لازم است که در آینده مقرراتی که از نظر قانونی لازم الاجرا باشند، داشته باشیم.»[42] چند ماه قبل از آن رئیس جمهور سابق فرانسه، نیکولاس سارکوزی، نکته ی مشابهی را درباره ی ضرورت تنظیم بیشتر بخش مالی مطرح کرده و گفته بود : « به نظر ما... بخشی از مصائب جهان از بند مقررات آزاد بخش مالی ریشه می گیرد.»[43]

وقتی در نظر می آوریم که اقتصادهای اروپا و در واقع تمام جهان، تا چه حد به هم پیوسته اند، منطقی نیست که به هیچ کشوری اجازه دهیم بدون مجازات توافقنامه های مالی را زیرپا بگذارد، چرا که چنین کاری به همه ی کشورهای جهان زیان می رساند. درنتیجه کشورها باید روی قوانین و مقررات مالی که مطابق با منافع جمعی آنهاست توافق کنند، و آنها را از نظر قانونی اجباری و لازم الاجرا سازند. بهترین سازوکار آن است که از طریق یک مجلس قانونگزاری بین المللی که مسئول وضع قوانین قابل اجرای جهانی باشد، و همچنین یک دادگاه بین المللی که بتواند در مورد اختلافات داوری کند و در مورد نقض قوانین قضاوت لازم الاجرا صادر نماید، عمل شود.

تضمین نظارت، شفافیت و جوابگوئی

کارشناسان اقتصادی و مالی، سیاستمداران و متفکرین شروع به بحث درباره ی ضرورت ایجاد برخی تغییرات ساختاری در نظام مالی در سطح اروپا، و سرانجام در سطح جهانی، کرده اند. این تغییرات شامل بازرسی ناگهانی بانک ها و شفافیت، جوابگوئی و نظارت بیشتر روی شرکت ها، و در عین حال تضمین حفظ خلاقیت است. همان طور که لرد مندلسون[Lord (Peter) Mandelson] شرح داده است ساختار مالی اروپا تحت نظارت کافی قرار ندارد. دیده بانان باید در اتاقهای پشتی بانک ها بنشینند و دفاتر آنها را نگاه کنند و ریسک هائی را که می کنند و خطراتی را که ممکن است به وجود می آورند، بررسی کنند. این امر بخصوص به علت

سرعت تغییرات در بازارهای مالی و محصولاتی که روز به روز پیچیده تر و پرمخاطره تر می شوند، لازم است. لرد مندلسون خاطرنشان ساخت که دیده بانان با سرعت تغییرات همراه نبودند، و بنابراین نتوانستند درباره ی میزان خطراتی که داشت جزئی از ساختار می شد، هشدار دهند.[44]

از چند ناحیه پیشنهاد شده است که علاوه بر بازرسی دقیق تر بانکها، لازم است که از بیرون نظارت ومراقبت شدیدتری بر روی بودجه های ملی کشورهای اروپائی صورت گیرد، تا کل نظام مالی به خطر نیفتد. در واقع رئیس وقت **بانک مرکزی اروپا**، در دسامبر 2011 گفت که منطقه ی یورو به تنظیم اقتصادی بیشتر و محدودیت های سخت تر و قابل اجرا تری در مورد بدهی ها، و به نظارت متمرکزتری بر روی بودجه ی های ملی، نیاز دارد.[45] برخی چنین استدلال کردند که این نظارت بخصوص در مورد کشورهائی اهمیت دارد که ازهمین حالا هم دچار «مشکلات شدید» هستند.[46] سایرین، مثل اولین رئیس تمام وقت **شورای اروپا**، از این ضرورت سخن گفتند که بمحض اینکه بودجه های ملی پیش نویسی می شود، **کمیسیون اروپا** حق «مداخله» در آنها را داشته باشد.[47] سپس این پیشنهادات به صورت روندی عملی شد، که طی آن **کمیسیون اروپا** اجازه دارد طرح های مربوط به بودجه های ملی را که کشورهای منطقه ی یورو به آن تسلیم می کنند، از نظر مطابقت با مقررات اروپا در مورد بدهی و کسر بودجه، بررسی کند. هرچند این روند جدید به **کمیسیون** اجازه می دهد که با کشورهائی که پیش نویسی بودجه هایشان با محدودیت های مورد توافق درباره ی بدهی و کسر بودجه تطابق ندارد به گفتگو بپردازد، و از طریق این گفتگو کشورهای اروپائی را قانع کند که بودجه های خود را با مقررات تطبیق دهند، اما در نهایت فاقد قدرت برای تنفیذ قوانین است. یک نمونه ی آشکار آن طرح های بودجه ای است که کشورهای منطقه ی یورو، و از جمله فرانسه و ایتالیا، به آن تسلیم کرده اند و در آنها کسربودجه های شدیدی پیش بینی شده است. پس از درخواست جزئیات بیشتر درباره ی این بودجه ها و پس از بحث های مفصل بین **کمیسیون** و نمایندگان فرانسه و ایتالیا، این دو کشور که می گفتند به منظور جلوگیری از خطر برگشت به رکود باید در مورد محدودیت های کسر بودجه آسان گرفت، سرانجام موافقت کردند که بودجه های ملی خود را تغییر دهند، و به محدودیت های مورد توافق در مورد کسر بودجه نزدیک تر کنند، و در عین حال از رعایت کامل آنها سرباز زدند. فرانسه و ایتالیا با پذیرفتن این تغییرات، خودشان را از خجالت این که بودجه هایشان برای بازبینی پس فرستاده شود، واز این که به «عدم اطاعت جدی» از

قوانین اروپا شناخته شوند، نجات دادند. اما با این حال به سبب نقض توافقنامه های اروپا، در خطر مجازات قرار دارند. [48]

وقتی کشوری چنان بدهی های سنگینی بالا می آورد که کم کم نمی تواند دیون خود را بپردازد، اقتصادش شروع به سقوط در یک مارپیچ می کند، و بانک هایش شروع به ورشکستگی می کنند، و بناچار به سایر کشورها و به سازمانهای بین المللی مانند IMF متوسل می شود، که به قید ضمانت، آن را نجات دهند. اما این به قید ضمانت آزاد کردن ها ارزان تمام نمی شود. از نظر عدالت و انصاف، عادلانه نیست که کشوری از مزایای رفتارهای سست مالی بهره ببرد، و انتظار داشته باشد که وقتی به دردسر افتاد سایرین او را نجات بدهند، بخصوص اگر این نوع رفتارها تکرار بشود. از این جنبه **پیمان مالی** که پس از بحران مالی اروپا در منطقه ی یورو به شکل **میثاق ثبات، هماهنگی و حکومت دراتحادیه ی اقتصادی و پولی (که به اسم پیمان مالی شناخته شده)** مورد توافق قرار گرفت، معنا پیدا می کند، چه که میزان بدهی و کسر بودجه ی مجاز کشورهای منطقه ی یورو را محدود می کند، و به **کمیسیون** حق نظارت دقیق تربر بودجه های ملی را می دهد، تا در صورتی که به نحو غیر قابل قبولی منافع جمعی را به خطرمی اندازند، تغییرات لازم را توصیه کند. آلمان در مقابل امضای این **پیمان مالی**، قراردادی معروف به **سازوکار ثبات اروپا** را به تصویب رساند، که در اصل یک بسته ی کمک مالی جمعی یا نظامی است، که در آن بدهی یک کشور مسولیت جمعی همه کشورهای منطقه یورومی شود. [49]

می توان از درسهائی که از تجربه ی اروپا گرفته شده برای ساختن یک نظام مالی در سطح بین المللی استفاده کرد، نظامی که یک مجلس قانونگزاری جهانی داشته باشد که قوانین لازم را وضع، و یک دیده بان مرکزی را برای نظارت بر اجرای این قوانین منصوب کند، و تنفیذ آنها را تضمین نماید. واضح است که برای ایجاد چنین تغییرات گسترده ای، کشورهای جهان باید حاضر باشند که از مختصری از حق حاکمیت خود در این حوزه صرف نظرنمایند، قدمی که فقط موقعی برخواهند داشت که قانع شوند منافع مالی ملی آنها در گرو منافع مالی و سلامت کل جامعه ی جهانی است.

ایجاد یک دیده بان واحد مرکزی که بتواند دخالت کند

به دنبال بحران منطقه ی یورو کارشناسان حوزه ی مالی نه تنها پیشنهاد دیده بانی و نظارت دادند، بلکه توصیه کردند که این امر توسط یک دیده بان عمومی مرکزی

مانند **بانک مرکزی اروپا** صورت گیرد، که هم قدرت مداخله داشته باشد، و هم به عنوان آخرین پناه قرض دهنده برای هم بانک ها وحکومت ها ،هر دو، عمل کند.[50] به این منظور در 12 سپتامبر 2012 رئیس **بانک مرکزی اروپا** [European Central Bank] (ECB) برنامه ی جدید بانک برای خرید اوراق قرضه به نام **معاملات کامل پولی** را اعلام کرد. در این برنامه **بانک مرکزی اروپا حاضر به خرید** اوراق قرضه ی کوتاه مدت کشورهای منطقه ی یورو در بازارثانوی خواهد بود، و به این ترتیب هم به عنوان آخرین پناه قرض دهنده بانک ها و همچنین دولت های منطقه ی یورو، نیز عمل خواهد کرد. اما چنین خریدهائی منوط به شرایط مالی سخت، از جمله اقدامات ریاضتی واصلاحات ساختاری مستلزم بود، که به **بانک مرکزی اروپا** حق مداخله می داد. این خرید ها همچنین مشروط به پیروی دقیق از مواد **پیمان مالی** و **سازوکارهای ثبات اروپا** که درباره ی هردوی آنها قبلا" بحث کردیم، می شد.

تجربه ی **اتحادیه ی اروپا** یک بار دیگرمی تواند در ایجاد سازوکارهای مالی و پولی لازم، در زمینه ی ساختار یک جهان فدرال، آموزنده باشد. یکی از درس های بسیار ارزشمند آن این است که کشورهای جهان باید اول تشخیص بدهند که برای رسیدن به منافع جمعی لازم است از حاکمیت خود در برخی از حوزه ها صرف نظر کنند و اعتراف کنند که به نفع خود آنان است که برای مصلحت همه کار کنند. آنگاه حاضر خواهند بود که یک **هیئت مجریه** ی نیرومند برای تضمین اجرای قوانین و مقرراتی که **مجلس قانونگزاری جهانی** به نفع همه ی بشریت وضع می کند، ویک **دادگاه بین المللی** با حق داوری الزامی، که بتواند در موارد بروز اختلاف احکام لازم الاجرا صادر کند، ایجاد کنند.

پذیرش تنفیذ قهری

بحران یورو باعث شد که کارشناسان تشخیص دهند ساختار مالی اروپا به یک سازوکار قهری نیازدارد تا تضمین نماید که از مقررات مالی مورد توافق پیروی می شود، و می توان آنها را قانونا"به اجرا درآورد، در غیر این صورت، وضع این مقررات معنائی ندارد.[51] این امر بخصوص با توجه به این که بخشی از راه حل به وضوح منوط به کنار گذاشتن عاداتی بود که در طول زمان ایجاد و منجر به سستی در مسائل مالی شده بود، حقیقت داشت. ضرورت تنفیذ از سوی یکی از کارشناسان دیون دولتی، تکرار شد که گفت: «شما باید یک عامل قهری داشته باشید تا آن را عملی سازید...» وی اضافه کرد: « نپذیرفتن آن به این معناست که

شما در **سرزمین عجایب آلیس** زندگی می کنید.»[52] صدراعظم آلمان این مفهوم را در سخنان خود تکرار و تشریح کرد، که باید ریشه های یورو را اصلاح، و از جمله موازین تازه ای ایجاد کرد، که به **دادگاه اروپا** یا به **کمیسیون اروپا** قدرت آن را بدهد که بودجه هائی را که ناقض قوانین هستند رد کرده، و برای بازنگری پس بفرستد. [53] یکی از اعضای کمیسیون اقتصاد **اتحادیه اروپا** گفت کوششهائی در جریان است تا عهدنامه ها را طوری اصلاح کنند که بتوان مجازات هائی را برای کشورهائی که مقررات انضباط اقتصادی را نقض می کنند، در نظر گرفت.[54] آقای ون رامپویی[Van Rompuy] با دقت بیشتری به مسئله پرداخت و اظهار عقیده کرد که مؤسسات اروپائی باید قادر باشند در مورد کشورهائی که مقررات بودجه را نقض می کنند شدت عمل به خرج دهند، و برای این منظور اعمال مجازات های شدیدتری را پیشنهاد کرد، از محرومیت از حق رأی گرفته، تا متوقف کردن سرمایه گزاری **اتحادیه اروپا** در پروژه های زیرساختی آنها.[55] در پایان، کشورهای منطقه ی یورو توانستند با موفقیت به توافق برسند، و **پیمان مالی** 2012 را به امضا برسانند، که نه تنها مقررات روشنی را در مورد میزان بدهی و کسربودجه ی مجاز در بر می گرفت، بلکه اجازه می داد کشورهائی که مقررات انضباط اقتصادی را زیر پا می گذارند، جریمه شوند.

مراحل دشواری که کشورهای منطقه ی یورو مجبور بودند برای غلبه بر چالش ها و بحران های متوالی طی نمایند، درسهای بسیار مفیدی را برای ما که می خواهیم دست به ایجاد یک فدراسیون جهانی بزنیم، فراهم می سازند. یکی از آن درسها این است که باید به مؤسسات جهانی خود مرجعیت و قدرت لازم را بدهیم، تا بتوانند تصمیمات مشترکی را که درجهت مصلحت جمع می گیرند، اجرا کنند. ما باید یک هیئت مجریه ی نیرومند ایجاد کنیم، که بتواند در صورت لزوم با استفاده از وسائل قهری اطاعت از قوانینی را که مجلس قانونگزاری جهانی وضع می کند، تضمین نماید.

مصلحت طلبی را کنار بگذاریم

یکی از نتایج جذاب خودکاوی مفسران در طول بحران یورو این بود که ما به اندازه ی کافی در پیدا کردن راه حل، مصلحت طلبی و بزدلی از خود نشان داده ایم.[56] برخی از سیاستمداران به اندازه کافی شجاعت داشتند که بگویند زمان آن فرا رسیده که رهبران سیاسی منافع سیاسی محدود خود را کنار بگذارند، و به سود منافع جمعی کشور و منطقه ی خود عمل کنند. نخست وزیر سابق لوکزامبورگ، با

صداقت، مشکل را این طور خلاصه کرد:«همه می دانیم که چه کار باید بکنیم، فقط نمیدانیم وقتی آن کار را کردیم چطور دوباره انتخاب شویم.»[57]

دشواری هائی که به علت نگرانی های بریتانیا نسبت به اصلاح معاهدات مالی اروپائی (که مستلزم اتفاق نظر بود) به وجود آمد، اثرات مخرب این مصلحت طلبی را پررنگ تر کرد. بریتانیا نگران آن بود که این اصلاحات به صنعت خدمات مالی این کشور زیان برساند. از نخست وزیر بریتانیا نقل شد که برای توضیح گفته است «آنچه که مطرح شده به نفع بریتانیا نیست، به همین دلیل با آن موافقت نکردم.»[58] از رئیس وقت **کمیسیون اروپا**، در پاسخ به این توجه بی پرده به منافع شخصی نقل شد، که پذیرش درخواست بریتانیا برای ایجاد تمهیداتی برای حفظ صنعت خدمات مالی آن کشور، که درنشست سران در دسامبر 2011 مطرح شد، امکان نداشت، زیرا یکپارچگی بازار داخلی **اتحادیه ی اروپا** را به خطر می انداخت. وی اضافه کرد که این درخواست مسئول مستقیم سقوط قرار دادی بین کشورهای اروپا بود که هدفش مساعدت برای نجات یورو بود.[59] دراثر موضع انگلستان، قرارداد تازه ای به شکل **پیمان مالی** 2012 مطرح شد و بین 25 کشور از 27 کشوری که در آن زمان عضو **اتحادیه ی اروپا** به شمار می رفتند، به امضا رسید، یعنی بین همه ی اعضا به استثنای بریتانیا و جمهوری چک .

این واقعه این اصل زیربنائی را در ایجاد یک فدراسیون جهانی برجسته تر کرد، که کشورهای جهان باید عمیقا" به این باور برسند که فقط با تضمین منافع کل است که می توانند از حصول منافع ملی خود اطمینان حاصل نمایند، و درنتیجه باید فراتر از منافع شخصی خود حرکت کنند. این واقعه همچنین این ضرورت را پررنگ تر کرد که به هنگام انتخاب اعضای مؤسسات بین المللی خود هم تضمین کنیم که واقعا" نماینده ی منافع جمعی جهان باشند، و هم روندهای رأی گیری در این مؤسسات را طوری سازمان دهیم که از فلج شدن آنها جلوگیری کند. به این منظور نظام رأی گیری باید مبنی بر اصل وحدت و برابری همه ی ملت ها و منعکس کننده ی آن باشد. این امر به آن معناست که هیچ کشور واحدی نتواند تصمیمی را که اکثریت اعضا به سود منافع کل می دانند، عملا" وتو کند.

مثال دیگری از مصلحت طلبی که به بحران یورو کمک کرد، کوتاهی کشورهای منطقه ی یورو در به کارگیری و اجرای مقررات **معاهده ی ماستریخت**[Maastricht] بود، که کسری بودجه را به حد اکثر 3 درصد تولید ناخالص ملی، و کل بدهی را به کمتر از 60 درصد از تولید سالانه ی اقتصادی،

محدود می کرد. در ابتدا مجازات هائی برای تجاوز از این محدودیت ها در نظر گرفته شده بود، اما وقتی آلمان و فرانسه دیدند محدودیت ها را نقض کرده اند، مجازات ها را کنار گذاشتند. کوتاهی در پیروی ازاین مقررات که مصلحت طلبی و منافع محدود شخصی محرک آن بود، یکی از علل پریشانی مالی بود که اروپا خود را در آن یافت. طنز در این جاست، که **پیمان مالی** که سرانجام بین هفده عضو منطقه ی یورو و هشت عضو دیگر **اتحادیه ی اروپا** امضا شد تا این مشکلات را اصلاح، و از آنها جلوگیری کند، در ریشه دارای همان الزامات مالی بود که در **معاهده ی ماستریخت** وجود داشت. [60]

این مثال این نکته را پر رنگ تر می سازد که لازم است مؤسسات بین المللی ما دارای یک سازوکار اجرائی باشند که در مقابل مصلحت طلبی با سرعت عمل نماید. یک هیئت مجریه ی نیرومند تضمین مهمی است برای آن که هیچ کشور یا گروهی از کشورها نتواند مقررات بین المللی را صرفا" به این علت که به سود منافع محدود و کوتاه مدت خود تصور می کند، نادیده بگیرند. **کمیسیون اروپا** با این که قوی است، اما هنوز آنقدر قوی نیست که بتواند این نقش را در **اتحادیه ی اروپا** بازی کند، اما از طرف دیگر نه **اتحادیه ی اروپا** یک فدراسیون میباشد، و نه **کمیسیون** آن نوع هیئت مجریه ی فدرالی ایست که قدرت و برش اجرای قهری مقررات عمومی را که به سود منافع اتحادیه وضع شده باشد، داشته باشد.

<u>صرف نظر کردن از حاکمیت مفرط</u>

نکته ی مثبت بحران مالی و درد و رنجی که آفرید، بروز اولین نشانه های این آگاهی بود که حل بحران یورو مستلزم صرف نظرکردن بیش از پیش کشورهای اروپا از حق حاکمیت خود، و ایجاد یک «اتحاد سیاسی است که از نظر دموکراسی مشروع باشد». [61] اما اروپا اسیر وضعیت دشواری است، وضعیتی که بهتر از همه در گفته ی روزنامه نگاری خلاصه شده که گفته است: «اتحاد بیشتر به معنی فدا کردن حاکمیت ملی به میزانی بیش از آن است که رهبران بسیاری از کشورها می خواهند، چه برسد به رأی دهندگانشان...» [62] شکی نیست که اروپا در مسیر طولانی خود به سوی یکپارچگی عمیق تر به یک دوراهی دیگررسیده است، و با این گزینه های دشوار رو به روست : پیشروی بیشتر در مسیر یک دولت فدرال با سیاست های مالی مشترک، که برای بسیاری از کشورها به معنی از دست دادن میزان قابل توجهی از حاکمیت ملی است، یا فروپاشی و جدا شدن از هم، با

عواقب مالی و اقتصادی وخیم برای همه. این واقعیتی است که حال تشخیص شده و درباره اش سخن میشود.[63]

وقتی رهبران اتحادیه ی اروپا به بررسی شکلی که این یکپارچگی بیشتر باید به خود بگیرد، پرداختند، یکی از گامهائی که روی آن توافق کردند این بود که به هیئت مجریه ی **اتحادیه ی اروپا** این اختیار را بدهند که در صورت لزوم، قبل از سپرده شدن بودجه های ملی به قانوگزاران ملی، از آن کشورها تقاضای تغییر در آن بودجاها کند، وبه این صورت اصلا" آنها را بازنویسی کند. پیش از آن، دولت ها فقط مکلف بودند بودجه های ملی خود را با **اتحادیه ی اروپا** در میان بگذارند، الزامی که خودش ابتکارتازه ای به شمار می آمد. همان طور که رسانه ها نوشته اند، این نحو صرف نظر کردن از حاکمیت ملی در مورد مسائل مالی عمومی گام بزرگی در تکامل تدریجی **اتحادیه ی اروپا** به شمار می آید، که از زمان ایجاد یورو درسال 1999 بارها در توافقنامه های پیاپی برای نیل به همگرائی اقتصادی منظم، تلاش کرده و شکست خورده بود.[64]

مجله ی *اکونومیست* به درستی خاطرنشان کرد که در نهایت، هر تصمیمی که درجهت یکپارچگی بیشتر گرفته شود، لازم است که همه مشارکت کنند، و چیزی را به نفع کل فدا نمایند. این مجله نظر داد که مسئله ی اصلی این نبود که آیا رهبران اروپا می توانند یورو را نجات بدهند یا نه، بلکه این بود که آیا حاضرند بهای آن را بپردازند، یعنی آیا حاضرند درعین تعهد به مقررات معتبر مالی، نوعی مسئولیت مشترک را برای دیون بپذیرند یا خیر.[65] به عبارت دیگر، برای دور کردن فاجعه، یک بده بستان سیاسی لازم بود، که در آن کشورهای قوی تر در ازای ملزم شدن همه ی کشورها به اجرای مقررات سخت تر، از کشورهای ضعیف تر حمایت مالی به عمل آورند. اما کشورهای نیرومند اقتصادی مانند آلمان، از این واهمه داشتند که اتحاد پولی عملا" به یک اتحادیه انتقالی یک طرفه تبدیل شود، که در آن اقتصادهای قوی تر همیشه مجبور باشند کشورهای ضعیف تر را از لحاظ مالی کمک کنند. آنها اصرار داشتند که اگر قرار است بدهی به اشتراک گذاشته شود، تصمیمات مربوط به بودجه ها و هزینه ها هم باید به صورت جمعی بررسی گردد. آنها از این شکایت داشتند که درحالی که «رهبران اروپائی دوست دارند از به اشتراک گذاشتن دیون صحبت کنند، اما از صحبت درباره ی به اشتراک گذاشتن حاکمیت ملی بدشان می آید.»[66]

مجله ی *اکونومیست* هشدار داد که یا این گرایش کشورهای قوی ترباید تغییر کند، یا یورو منحل خواهد شد.[67] این مجله پیشنهاد کرد که راه حل در آن است که

حاکمیت اقتصادی تابع آن انضباط جمعی شود که فن سالاران اروپائی، در بروکسل، اجرا می کنند. در مقابل چنین نظارت شدیدتری از سوی **کمیسیون اروپا**، امکان دارد که بانک مرکزی که بزرگترین شرکت کننده مالی آن فرانسه و آلمان هستند، حاضر باشد تأمین مالی خود را بیشتر کند. [68] برخی از تحلیل گران درباره ی ماهیت تصمیماتی که اروپا باید بگیرد، بسیار صریح بودند و گفتند: «اقتصاد با سیاست شروع میشود» و رهبران آن دسته ازکشورهای منطقه ی یورو که از نظر اقتصادی سالمتر هستند، مثل آلمان، باید به مردم خود توضیح دهند که نجات کردن اقتصادهای ضعیفی، مانند اقتصاد یونان، به نفع خود آنهاست و اگر این کار را نکنند، نظام بانکی و رفاه خودشان به خطر می اندازند. به عبارت دیگر، مردم باید بفهمند که اقدام برای ریشه کن کردن بحران بدهی یونان کمتر یک عمل خیریه ئی است، تا یک عملی که به نفع خود آنها ست. [69]

خوشبختانه رهبران اروپا سرانجام توانستند با توافق روی **پیمان مالی** و به همراه آن **سازوکار ثبات اروپا**، به اضافه به اشتراک گذاشتن دیون، به سوی مداخله و نظارت بیشترهم گام بردارند. اما داستان هنوز تمام نشده است. برخی از کشورها با وجود امضای این توافقنامه ها, به هنگام تهیه بودجه ی ملی خود همچنان به محدودیت های کسربودجه، مخصوصا" آنهائی که در **پیمان مالی** تعیین شده، اعتنائی نمی کنند. برای مثال در سال 2015، برخی کشورها از جمله فرانسه، ایتالیا و اتریش، در تهیه بودجه ی سال 2015 خود ازمقررات کسر بودجه پیروی نکردند. خلاصه، بسیار محتمل به نظر می رسد که این قدم های پراکنده و کند برای تسکین وضعیت اقتصادی شکننده ی اروپا کافی نباشد، و رهبران اتحادیه ی اروپا را مجبور سازد که بالاخره به این سئوال نهائی بپردازند، که آیا **ایالات متحده ی اروپائی** در کار خواهد بود یا خیر. پیش از این ازسال 2011 مجله *اکونومیست* پیش بینی کرده که حتی اگرهم اروپا به یک فدراسیون تبدیل نشود، واضح است که منطقه ی یورو به سوی فدرالیزم بیشتر پیش خواهد رفت. [70] حقیقت این است که اگر قرار باشد اروپا اراده ی سیاسی لازم را برای فدراسیون شدن گرد آورد، باید اول به این تشخیص برسد که منافع جمعی مردم خود را برمنافع خاص کشورها مقدم بشمارد. باعث خوشبختی اروپا ست که این درک کم کم در سطوح رهبری اروپا نفوذ میکند و در اظهار نظرهائی که به ترتیب به آقایان جانکر [Juncker]، ون رومپویی و باروسو[Barroso] نسبت داده شده، که منافع **اتحادیه ی اروپا** به عنوان یک کل باید جایگزین منافع مجموع اجزائش شود، بازتاب یافته است. [71]

رفتار برابر و منصفانه با همه ی کشورها

بحران یورو ترکیب دهنده حیاتی دیگری را نیز روشن ساخت که برای موفقیت هر نوع دولت فدرال یا هر نهاد تصمیم گیری جمعی که مرکب ازچند کشورباشد ضروری است، یعنی تصمیم گیری واقعا" منصفانه که برای همه ی کشورها حق اظهارنظر مؤثری را قائل باشد. همان گونه که اقلیت های داخل یک کشور باید از حق اظهار رأی برخوردار باشند و به نیازها و منافع آنها توجه شود تا کشوربتواند با هماهنگی و بدون ناراحتی عمیقی که باعث جدائی طلبی اقلیت ها شود، عمل کند، همان طور هم ضروری است که شهروندان کشورهائی که درون یک ساختار فدرال هستند، احساس کنند به نظرات کشورشان اهمیت داده می شود، و با آنها مانند سایرین رفتار می گردد. در حالت آرمانی آن، باید از این نوع احساسات که در طول بحران یورو بیان شد خودداری شود که « آلمان رهبر بلامنازع اروپاست»، یا « فرانسه به طور قطع تابع آلمان است»، یا این که انگلستان دیگر آن نفوذی را که مدتهای طولانی از آن برخوردار بود، ندارد.[72]

مؤسسات فدرال باید به نحوی سازمان یابند که کشور های عضو فدراسیون با توجه به اندازه جمعیت و قدرت اقتصادی خود به نحو عادلانه ای در آن نماینده داشته باشند. ما می خواهیم از احساس عدم برابری و بی عدالتی جلوگیری کنیم، احساسی که در اظهارات یک سیاستمدار ارشد در مورد بحران یورو بازتاب یافته است. وی گفته برای اروپا دشوار است که بخواهد قبول کند «اروپای بیشتر به معنی مؤسسات متمرکز تر و قدرتمندتر و به معنای آلمان بیشتر است» و این که «موافقت با اروپائی که خصوصیت فراملیتی بیشتری داشته باشد به معنای موافقت با رهبری بیشتر آلمان در اروپاست.» وی اضافه نموده است که رو به رو شدن با این واقعیت به ویژه برای فرانسه دشوار است، چون از نظر اقتصادی بسیار ضعفیف تر از آلمان است، آلمانی که برمشکلاتش فائق شده و از زمانی که در یک آلمان متحد به هم پیوسته، بزرگتر و قوی تر گشته است.[73] از قضا یکی دو سال بعد از این اظهارات، رشد آلمان به طرز قابل توجهی کند شد. با این وجود می توان دید که نگرانی های ریشه ای در مورد بی عدالتی که در زمینه ی اروپای یکپارچه بیان شده می تواند به همین آسانی در مورد یک دولت فدرال جهانی نیز مطرح گردد، مگر آن که به هنگام ایجاد زیرساخت ها، تضمین هائی بر قرار شود تا اطمینان حاصل گردد همه ی دولت های عضو به نحو عادلانه ای در آن نماینده دارند، و به طور منصفانه ای به نیازهای آنها رسیدگی می شود.

در نهایت کشورها فقط در صورتی قانع می شوند که به اندازه ی کافی از حق حاکمیت خود دربرخی حوزه های مشخص صرف نظر کنند، که متقاعد شده باشند هیئت های فدرال که قدرت خود را به آنها تفویض می کنند، براساس منافع جمعی همه ی کشورها تصمیم گیری می کنند، و نه براساس آنچه که به نفع عده ای است. روشن است که بدون چنین تضمینی اعتماد لازم برای موفقیت به وجود نمی آید.

جایگزین کردن اتفاق آرا با اکثریت آرا

یکی از راههای پرداختن به این نگرانی که مبادا تصمیمات بر اساس منافع جمعی گرفته نشوند، آن است که تصمیم گیری در هیئت های فدرال براساس اکثریت آرا سازمان داده شود و نه اتفاق آرا که باعث می شود هر کشوری عملا" حق وتو داشته باشد. از این نظر رئیس جمهور فرانسه، سارکوزی، در مسیر درست بود وقتی گفت فرانسه، برای ترویج تغییرات سریع تر و مسئولیت مالی بیشتر در منطقه ی یورو، ازاین که تصمیمات بیشتری به جای اتفاق آرا براساس اکثریت آرا گرفته شوند، طرفداری می کند. [74] وی این را گفت چون اساسا" درک کرده بود که به نفع فرانسه است که چنین ساختاری داشته باشد. این درک در این گفته ی وی منعکس شده است که «ناپدید شدن یورو بدهی مارا غیر قابل کنترل می کند...و عدم اعتماد به نفسی به وجود می آورد که منجر به فقر و فلج فرانسه می گردد.»[75]

ساختار حکومت ضعیف باید تغییر کند

عمیق ترین درسی که دردل همه ی درسهای مالی اروپا نهفته است، آن است که مشکل اروپا از پول نیست، ازساختار است. یک استاد برجسته ی اقتصاد در دانشگاه هاروارد به قلب مشکل راه یافت و گفت: « این یک مشکل عمیق مربوط به قانون اساسی و موسسات در اروپاست.» و اضافه کرد که «مشکل از تأمین وجه نیست». اروپائی ها برای حل بحران یورو «باید قدم بزرگی به سوی اتحاد اقتصادی و سیاسی بردارند، صرف نظر از این که چه کشوری عضو آن باشد.» و همچنین اظهار نظر کرد که آلمان «حق دارد به چیزی جز تغییرات کلی راضی نشود». جالب است که وی این را نیز گفت که اروپا باید فورا" اقدام کند زیرا از نعمتی که فکر می کرد دارد برخوردار نیست، یعنی نعمت وقت فراوان برای رسیدن به یکپارچگی کامل. [76] قدمهائی که اروپا پس از بحران یورو برای امضای **پیمان مالی** و ایجاد **سازوکار ثبات اروپا** برداشت، در عین حال که مهم بود، اما از هم اکنون معلوم شده که برای جلوگیری از لغزیدن کشورهای اروپائی و

ازجمله آلمان، که موتوراقتصادی پرافتخار اروپا به شمار می آید، به سوی رکود و در برخی موارد، غرق شدن بیشتر در آن، کافی نبوده است. واضح است که تغییرات گسترده تری لازم است.

خوشبختانه، مفهوم تغییر ساختاری به منظور عمیق تر کردن اتحاد امری است که سیاستمداران، متفکرین و روزنامه نگاران به طور یکسان وعلنا" شروع به صحبت درباره ی آن کرده اند. دریک بحث میزگرد در شبکه ی خبری فرانسه 24 یک روزنامه نگار مستقر در پاریس از ضرورت ایجاد فدراسیون اروپا سخن گفت.[77] همچنین ویویان ردینگ[Viviane Reding]، نایب رئیس **کمیسیون اروپا** در سخنانی که خطاب به استادان دانشگاه کمبریج ادا کرد، یاد سخنرانی مشهور سال 1946 وینستون چرچیل در مورد دعوت به «**ایالات متحده ی اروپا**» را که در زوریخ ایراد شده بود زنده کرد، و دعوت مشابهی از 18 کشور منطقه ی یورو به عمل آورد، تا یک اتحادیه ی کامل مالی و سیاسی ایجاد نمایند. [78]

صدراعظم آلمان نیز از ضرورت گام برداشتن به سوی اتحاد نزدیک تر سیاسی و اقتصادی سخن گفته است. حل بحران مالی مستلزم شریک شدن در دیون است، اما وی مدعی است که این تنها درصورتی کارساز است که در مورد بودجه، مالیات و حقوق بازنشستگی هم به طور مشترک تصمیم گیری شود.[79] به همین دلیل است که وی روی پیش رفتن در روند به تعویق افتاده ی اتحاد اروپا، اصرار دارد. همان طور که یکی از وزرای خارجه ی سابق آلمان گفته بود، « شما نمی توانید دیون را به اشتراک بگذارید و حاکمیت را نگذارید؛ شما نمی توانید از مزایای مالی یک حکومت استفاده بکنید بدون این که آن را ایجاد کرده باشید.» [80]

در نهایت، اصلاح ساختار در اروپا مستلزم وضع مالیات در سطح اروپاست، امری که آلمان به همراه نظارت متمرکز روی بودجه های ملی و مجازات کشورهای ولخرج پیشنهاد کرده است. آلمان همچنین خواهان پیشرفت بیشتر به سوی «**اتحادی سیاسی**» است که در آن **کمیسیون اروپا** بیشتر به شکل یک دولت / هیئت مجریه ی اروپائی عمل کند، و به یک پارلمان قوی تر اروپائی حساب پس بدهد. آلمان گفته که تنها در صورت انجام این نوع اقدامات حاضر خواهد بود که سهم بیشتری از منابع خود را صرف کمک به اعضای محتاج تر اتحادیه نماید.

همه ی اینها ما را به طرح یک نظام فدرال جهانی بر می گرداند. همان طور که در ابتدای این کتاب مطرح شد، این نظام شامل یک **مجلس قانونگزاری جهانی** با قدرت وضع قوانین به سود منافع جمعی بشریت خواهد بود، که کشورها برخی از

اختیارات مربوط به وضع مالیات را به آن تفویض خواهند کرد. به راحتی می توان تصور کرد که بخشی از این مالیات ها صرف رهائی کشورهائی که دچار مشکلات مالی هستند، به قید ضمانت گردد. در چنین صورتی، کشورها مجبور نخواهند بود که نومیدانه به دنبال سرمایه برای تضمین بگردند. بعلاوه همه ی کشورها در طول زمان و به نسبت اندازه و قدرتشان به این سرمایه ها کمک می کنند، وبنا بر این هیچ کشوری احساس نخواهد کرد که به طور غیر منصفانه ای تحت فشارپرداخت مالیات قرار گرفته، و یا بار ناروائی را تحمل می کند. علاوه برآن یک هیئت **مجریه ی جهانی** با اختیار نظارت برکشورها هم وجود خواهد داشت تا اطمینان حاصل شود که آنها مقررات مالی که مورد توافق جهانی است، اجرا می کنند. این هیئت مجریه همچنین اختیار خواهد داشت تا این مقررات را خیلی قبل از آن که کار کشوری به ناتوانی در بازپرداخت دیون دولتی و سقوط مالی برسد، اعمال کند.

راهنمائی های حاصل شده از تجربه ی ایالات متحده

با این که روز به روز بیشتر معلوم می شود که راه حل بحران مالی اروپا در فدرالی شدن آن است، هنوز بسیاری در مقابل این فکر مقاومت می کنند. مجله *اکونومیست* حتی پس از انتشار مجموعه مقالاتی که عمیقا" مشکل را تجزیه و تحلیل کرد و به این نتیجه رسید که حل مشکل ازجمله مستلزم «اقدامی ناشی از اراده ی عالی جمعی» است، سرانجام با فکر «ابردولت» مخالفت کرد بدون هیچ گونه پیشنهاد متناوب، وفقط نتیجه گرفت که «باید راههائی باشد که با آن، دولت های خوب بتوانند دولت های بد را مجبور کنند سربه راه بمانند، بدون این که احتیاج به ایجاد یک ابردولت فدرال تازه وگنده باشد.»[81] به همین ترتیب حتی از رئیس جمهور سابق، سارکوزی، نقل شده که گفته در حالی که «اروپا باید با فکر تازه تجدید بنا شود... ولی اصلاح اروپا به معنای گام برداشتن به سوی فراملیت نیست.»[82] به هر روی، **هیچ جا** مقاومت در مقابل نقشه کار یک ابردولت اروپائی آشکارتر از نتایجی نیست که در انتخابات **پارلمان اروپا** در ماه می 2014 به دست آمد، که در آن حزب های محبوب ملی گرا، پیروز شدند.[83]

با این حال اروپائیان متوجه هستند که تجربه ی آمریکا این درس را می آموزد که یکپارچگی بیشتر می تواند برای حل بحران مالی اروپا حیاتی باشد. هرچه باشد «آمریکا حیات خود را از یک تنگنای مالی شروع کرد.» [84] وقتی ایالت های عضو ائتلاف آمریکا قانون اساسی فعلی خود را در سال 1789به تصویب رساندند، هم دولت فدرال و هم دولت های ایالتی درباز پرداخت وام هائی که برای تأمین مالی

جنگ استقلال از کشورهای خارجی گرفته بودند، بسیار عقب افتاده بودند. یکی از اولین اهداف دولت فدرالی که به تازگی، و تحت قانون اساسی سال 1789 شکل گرفته بود، آن بود که اعتماد به اعتبار ملی را به مردم برگرداند. به این منظور دولت فدرال مرکزی بدهی های جنگی ایالت ها را قبول کرد، بازپرداخت همه ی بدهی ها را به عهده گرفت، و یک جدول جدیدی برای سودها و پرداخت ها ایجاد کرد. در پی بحران یورو، کارشناسان شورای اقتصادی آلمان دریافتند که پذیرش بدهی ایالتها از سوی دولت فدرال آمریکا در سال 1790 سرمشق خوبی است و آن را مبنای پیشنهاد «پیمان باز خرید و آزادسازی» بدهی قرار دادند. این شورا به این درک رسید که اتحاد پولی بدون اتحاد مالی نمی تواند دوام بیاورد.

آمریکا هم این فرصت را یافته است که اروپا را تشویق به استفاده از تجربیاتش نماید، و این را در نظر بگیرد که راه حل مشکلات مالی اش ممکن است در یکپارچگی بیشتر باشد. در واقع در سال 2011 وقتی مقامی از یکی از بانکهای مرکزی اروپا برای ملاقات بایکی از مقامات مالی آمریکائی، و مشورت درباره ی بحران مالی اروپا به آمریکا سفر کرد، نسخه ی 1781 مواد قانونی کنفدراسیون آمریکا را دریافت کرد که پیشرو قانون اساسی فعلی ایالات متحده به شمار می آید که در سال 1789 به تصویب رسید. به این مقام گفته شد که پاسخ مشکلات اروپا در ایجاد یک اتحاد قوی تر و عمیق تراست، یعنی درست همان کاری که آمریکا درسالهای اولیه ی خود در مقابل مشکلات مشابهی که در زمینه ی بدهی داشت، انجام داد. همان طور که یک روزنامه در گزارش این رویداد نوشته است، مقامات اروپائی کم کم بین تجربه ی خود و تلاش شکست خورده ی اولیه ی آمریکا، که می خواست به صورت ائتلاف سستی از 13 ایالت عمل کند، ارتباط می بینند. این گزارش در دنباله ی خود می گوید که یکی از علل مهم این که اروپا بعد ازتلاشهای یک سال و نیمه (درزمان انتشار گزارش) نتوانسته مشکلات مالی خود را حل کند، عدم هم پایگی نیرومند مرکزی در سیاست های مربوط به بدهی و هزینه در منطقه ی یورو بوده است.[85]

در واقع، تجربه ای که آمریکا داشته که از صورت پیوند سست بین چند ایالت به صورت یک فدراسیون در آمده، نشان می دهد که اگر حرکت مشابهی در سطح جهانی صورت گیرد، چه قدرت عظیمی برای حل بحران مالی جهانی فعلی ایجاد می شود. ماها اغلب فراموش می کنیم که یکی از انگیزه های اصلی حرکت آمریکا از یک ائتلاف سست به سوی یک فدراسیون محکم تر، دقیقا" مشکل بدهی های سنگینی بود که 13 ایالت آمریکائی در طول جنگ انقلابی بالا آورده بودند و

خود را از بازپرداخت آن ناتوان می دیدند.[86] در طول جنگ هر کدام از ایالت ها به طور جداگانه از قدرت های خارجی قرض های سنگینی کرده بودند. [87] پس از جنگ این ایالت ها خود را از بازپرداخت بدهی هائی که به مبالغ کلانی بدل گشته بود، ناتوان می دیدند. ائتلاف نمی توانست کمک کند زیرا قدرت لازم برای وضع مالیات را نداشت، واغلب ایالت ها هم سهم خود را از بودجه ی دولت ائتلافی نمی پرداختن. چیزی که این مشکل را بدتر می کرد این بود که ایالت ها هر کدام به دلخواه خودشان اسکناس چاپ می کردند، و سیل پول کاغذی تورم شدیدی را در اقتصاد آمریکا ایجاد کرده بود.[88] تنها راه حل، حرکت به سوی اتحاد و یکپارچگی بیشتر و ایجاد فدراسیونی با یک دولت مرکزی بود، که بتواند برای بازپرداخت بدهی های خارجی، مالیات وضع کند. این تجربه ضرورت وجود یک دولت مرکزی جهانی که همه ی کشورها برخی از اختیارات وضع مالیات خود را به آن تفویض کنند، نشان می دهد.

شک و تردیدهائی که در مورد ایجاد یک اتحادیه ی عمیق تر اروپائی مطرح میشود و اغلب در حین پیشنهاد یک فدراسیون جهانی تکرار می شود، نباید ما را از عمل بازدارد. هیچ چیز به جز تلاش بی وقفه، و خستگی ناپذیر، و عزم راسخ، نمی تواند ما را به موفقیت برساند. درحالی که هدفی را دنبال می کنیم که گاهی ممکن است به نظر دست نیافتنی برسد، به یاد داشته باشیم که تاریخ مملو از امور عظیمی است که به نظر غیرممکن می آمدند، اما سرانجام با موفقیت به انجام رسیدند. به علاوه این تغییرات می توانند با سرعت و بدون پیش بینی کارشناسان، صورت گیرند. سقوط دیوار برلین در سال 1989، فروپاشی اتحاد جماهیر شوروی در سال 1991 و سقوط رژیم تبعیض نژادی در آفریقای جنوبی در دهه ی 90، سه نمونه از این وقایع در پایان قرن بیستم هستند.

ژان مونه که پدر **اتحادیه ی اروپا** شمرده می شود، چنین ذهنیتی داشت. او اعتقاد داشت که برای حل چالش های بزرگ این دوران باید پیشگیرانه عمل کنیم، و ازقبل تفکر و برنامه ریزی نمائیم. زیرا وقتی بحران ها ظاهر شوند، که بناچار می شوند، مردم و رهبران سرانجام به تقلا می افتند و دچار بی تصمیمی می گردند. آنگاه به نظرایشان می آید که نقشه های قابل اجرائی که قبلا" غیرممکن تصور می کردند، ارزش امتحان کردن را دارند. [89] اگر پیشاپیش برای پیدا کردن راه حل فکر کنیم، و آگاهانه درباره ی آن به مردم آموزش بدهیم، و بتدریج آنها را قانع کنیم که آن را بپذیرند، کمک کرده ایم که مردم و رهبرانشان وقتی سرانجام برای پذیرش آن آمادگی پیدا کردند، راه حل مورد نیاز خود را پیدا کنند.[90]

رفتارهای حکومت ها که ثبات را بر هم می زند

در دنیای امروز کشورها می توانند با دامنه ی گسترده ای از رفتارها، صلح و ثبات جهان را به خطر اندازند. این رفتارها شامل نقض فاحش حقوق بشردرداخل یک کشورمی شود، که دامنه اش از استفاده ی گسترده از شکنجه برای سرکوبی مخالفت داخلی، تا استفاده از سلاحهای شیمیائی برعلیه مردم خود، و باز تا پاکسازی قومی و نسل کشی کشیده شده است، یعنی عملی که به منظور نابود کردن بخشی از جمعیت به سبب تفاوت های نژادی، دینی و یا اعتقادی، صورت می گیرد. هر نوع جنایات حقوق بشر تاروپود داخلی کشوری را که مرتکب آن می شود تضعیف میکند، که به نوبه ی خود خشت های سازنده ی جامعه ی بین المللی را نیز دچار ضعف می سازد. همچنین منجر به آوارگی تعداد عظیمی ازکسانی می شود که عاقبت به کشورهای همسایه پناهنده می شوند، و فشار اجتماعی و اقتصادی بی اندازه ای را براین جوامع وارد می سازند. از جمله اثرات دیگر آن پیدایش نیروهای شبه نظامی محلی است که هدفشان دفاع از مردم در مقابل نقض حقوق بشر است. جنگ میان این نیروهای شبه نظامی و نیروهای دولتی اغلب منجر به جنگ داخلی، و گاهی از کارافتادگی دولت می شود، به طوری که دیگر نمی تواند نظم را حفظ کند. متأسفانه دولت های ضعیف یا از کارافتاده، زمینه ی مساعدی را برای شکوفائی گروههای تروریستی فراهم می سازند، چرا که دیگر قدرت مرکزی نیرومندی برای مهار کردن این نیروها وجود ندارد.

یکی دیگر از رفتارهائی که ثبات را برهم می زند، تولید و یا به طرق دیگر به دست آوردن و ذخیره سازی سلاحهای کشتار جمعی، مانند سلاحهای شیمیائی، زیستی و یا هسته ای است، که در تناقض شدید با قوانین بین المللی است. هرکدام از این فعالیت ها بذر سوء ظن و وحشت و عدم امنیت را در سایر کشورها می کارد، و اغلب باعث می شود که این کشورها تنها چاره ی معقول برای تضمین امنیت خود را تولید، و یا تهیه ی سلاحهای مشابه بدانند، و به این ترتیب به مسابقه ی تسلیحاتی دامن بزنند. این مسابقات اوج گیرنده ی تسلیحاتی نتیجه ای جز تضعیف صلح و امنیت ندارند. بعلاوه، استفاده از چنین سلاحهائی آنقدر عمل زشت و شنیعی است که حتی فکرش را نمیشود کرد. این سلاحها هرگز نباید بر علیه همنوعان به کار گرفته شوند و هیچ کشوری عذری برای نگهداری آنها ندارد.

یکی دیگر از رفتارهائی که ثبات را مختل می کند، تجاوز ارضی یک کشور به یک کشور دیگر است. تاریخ بارها نشان داده است که به دست گرفتن کنترل

سرزمین های یک کشوردیگر با قوه ی قهریه هرگز عاقبت خوشی ندارد، و فقط به نفرت و تلخی و خشم می انجامد، احساساتی که طی نسلها باقی می ماند، و در اولین فرصت منجر به تلافی جوئی می گردد. با این حال بازهم اصرار داریم عادات قدیمی خود را تکرار کنیم، در صورتی که اگر آنها را همان طور که واقعا" هستند ببینیم، فقط بقایای رفتارهای منسوخ و نابالغی هستند که عاقبتی جز هرج و مرج و غم ندارند.

جای آن دارد که هریک از این سه دسته ی بزرگ از رفتارهائی که ثبات را برهم می زنند بررسی کنیم، و نشان دهیم که ایجاد یک فدراسیون متحد از کشورهای جهان، چگونه به این کشورها کمک می کند که از شر این رفتارها خلاص شوند.

قساوتهای شنیع حقوق بشر

یکی از فاحشترین رفتارهائی که ثبات را برهم می زند، قساوتهای شنیع حقوق انسانی شهروندان است به دست دولت یک کشور. این که چنین تجاوزاتی صرفا" از مسائل داخلی کشوری هستند که در آن اتفاق می افتند، موضعی است که جامعه ی جهانی به تدریج کنارگذاشته، و به این تشخیص رسیده است که این تجاوزات از نظر اخلاقی سزاوار ملامت بوده، و این مسئولیت جامعه ی بین المللی است که وقتی معلوم می شود دولتی نمی خواهد و یا نمی تواند بدون کمک در این زمینه اقدامی بکند، قدم به میدان بگذارد، و از قربانیان بی گناه چنین قساوت هائی دفاع کند. چنین تغییری در هنجارهای بین المللی به خودی خود بازتابی است از بلوغ روزافزون جامعه ی بین المللی به عنوان یک تمامیت جمعی. با وجود این حس مسئولیت و بلوغ روزافزون، جامعه ی بین المللی در سالهای اخیر به علت نداشتن زیرساختهای سازمانی لازم برای به اجرا درآوردن خواسته های جمعی خود، بارها از جلوگیری از چنین قساوت هائی عاجز مانده است.

برای مثال، در سال 2003 بین دولت مرکزی سودان و ساکنان منطقه ی غربی این کشور به نام دارفور[Darfur] برخورد مسلحانه ای آغاز گردید، و در دهه ای که به دنبال آن آمد، اعمال خشونت ماموران دولت سودان برعلیه مردم دارفور که به نسل کشی انجامید، خشم و وحشت جامعه ی بین المللی را بر انگیخت. از سال 2007 به بعد **سازمان ملل متحد** به طور مشترک با **اتحادیه ی آفریقا** ارتشی را با مأموریت حفظ صلح در منطقه به کار گماشته است. اما با وجود این اقدامات، مناقشه ادامه دارد و جامعه ی جهانی نمی تواند برای ممانعت و یا متوقف کردن این

رفتارهای حکومت ها که ثبات را بر هم می زند

در دنیای امروز کشورها می توانند با دامنه ی گسترده ای از رفتارها، صلح و ثبات جهان را به خطر اندازند. این رفتارها شامل نقض فاحش حقوق بشردرداخل یک کشورمی شود، که دامنه اش از استفاده ی گسترده از شکنجه برای سرکوبی مخالفت داخلی، تا استفاده از سلاحهای شیمیائی برعلیه مردم خود، و باز تا پاکسازی قومی و نسل کشی کشیده شده است، یعنی عملی که به منظور نابود کردن بخشی از جمعیت به سبب تفاوت های نژادی، دینی و یا اعتقادی، صورت می گیرد. هر نوع جنایات حقوق بشر تاروپود داخلی کشوری را که مرتکب آن می شود تضعیف میکند، که به نوبه ی خود خشت های سازنده ی جامعه ی بین المللی را نیز دچار ضعف می سازد. همچنین منجر به آوارگی تعداد عظیمی ازکسانی می شود که عاقبت به کشورهای همسایه پناهنده می شوند، و فشار اجتماعی و اقتصادی بی اندازه ای را براین جوامع وارد می سازند. از جمله اثرات دیگر آن پیدایش نیروهای شبه نظامی محلی است که هدفشان دفاع از مردم در مقابل نقض حقوق بشر است. جنگ میان این نیروهای شبه نظامی و نیروهای دولتی اغلب منجر به جنگ داخلی، و گاهی از کارافتادگی دولت می شود، به طوری که دیگر نمی تواند نظم را حفظ کند. متأسفانه دولت های ضعیف یا از کارافتاده، زمینه ی مساعدی را برای شکوفائی گروههای تروریستی فراهم می سازند، چرا که دیگر قدرت مرکزی نیرومندی برای مهار کردن این نیروها وجود ندارد.

یکی دیگر از رفتارهائی که ثبات را برهم می زند، تولید و یا به طرق دیگر به دست آوردن و ذخیره سازی سلاحهای کشتار جمعی، مانند سلاحهای شیمیائی، زیستی و یا هسته ای است، که در تناقض شدید با قوانین بین المللی است. هرکدام از این فعالیت ها بذر سوء ظن و وحشت و عدم امنیت را در سایر کشورها می کارد، و اغلب باعث می شود که این کشورها تنها چاره ی معقول برای تضمین امنیت خود را تولید، و یا تهیه ی سلاحهای مشابه بدانند، و به این ترتیب به مسابقه ی تسلیحاتی دامن بزنند. این مسابقات اوج گیرنده ی تسلیحاتی نتیجه ای جز تضعیف صلح و امنیت ندارند. بعلاوه، استفاده از چنین سلاحهائی آنقدر عمل زشت و شنیعی است که حتی فکرش را نمیشود کرد. این سلاحها هرگز نباید بر علیه همنوعان به کار گرفته شوند و هیچ کشوری عذری برای نگهداری آنها ندارد.

یکی دیگر از رفتارهائی که ثبات را مختل می کند، تجاوز ارضی یک کشور به یک کشور دیگر است. تاریخ بارها نشان داده است که به دست گرفتن کنترل

سرزمین های یک کشوردیگر با قوه ی قهریه هرگز عاقبت خوشی ندارد، و فقط به نفرت و تلخی و خشم می انجامد، احساساتی که طی نسلها باقی می ماند، و در اولین فرصت منجر به تلافی جوئی می گردد. با این حال بازهم اصرار داریم عادات قدیمی خود را تکرار کنیم، در صورتی که اگر آنها را همان طور که واقعا" هستند ببینیم، فقط بقایای رفتارهای منسوخ و نابالغی هستند که عاقبتی جز هرج و مرج و غم ندارند.

جای آن دارد که هریک از این سه دسته ی بزرگ از رفتارهائی که ثبات را برهم می زنند بررسی کنیم، و نشان دهیم که ایجاد یک فدراسیون متحد از کشورهای جهان، چگونه به این کشورها کمک می کند که از شر این رفتارها خلاص شوند.

قساوتهای شنیع حقوق بشر

یکی از فاحشترین رفتارهائی که ثبات را برهم می زند، قساوتهای شنیع حقوق انسانی شهروندان است به دست دولت یک کشور. این که چنین تجاوزاتی صرفا" از مسائل داخلی کشوری هستند که در آن اتفاق می افتند، موضعی است که جامعه ی جهانی به تدریج کنارگذاشته، و به این تشخیص رسیده است که این تجاوزات از نظر اخلاقی سزاوار ملامت بوده، و این مسئولیت جامعه ی بین المللی است که وقتی معلوم می شود دولتی نمی خواهد و یا نمی تواند بدون کمک در این زمینه اقدامی بکند، قدم به میدان بگذارد، و از قربانیان بی گناه چنین قساوت هائی دفاع کند. چنین تغییری در هنجارهای بین المللی به خودی خود بازتابی است از بلوغ روزافزون جامعه ی بین المللی به عنوان یک تمامیت جمعی. با وجود این حس مسئولیت و بلوغ روزافزون، جامعه ی بین المللی در سالهای اخیر به علت نداشتن زیرساختهای سازمانی لازم برای به اجرا درآوردن خواسته های جمعی خود، بارها از جلوگیری از چنین قساوت هائی عاجز مانده است.

برای مثال، در سال 2003 بین دولت مرکزی سودان و ساکنان منطقه ی غربی این کشور به نام دارفور[Darfur] برخورد مسلحانه ای آغاز گردید، و در دهه ای که به دنبال آن آمد، اعمال خشونت ماموران دولت سودان برعلیه مردم دارفور که به نسل کشی انجامید، خشم و وحشت جامعه ی بین المللی را بر انگیخت. از سال 2007 به بعد **سازمان ملل متحد** به طور مشترک با **اتحادیه ی آفریقا** ارتشی را با مأموریت حفظ صلح در منطقه به کار گماشته است. اما با وجود این اقدامات، مناقشه ادامه دارد و جامعه ی جهانی نمی تواند برای ممانعت و یا متوقف کردن این

خشونت ها اقدام مؤثرتری بکند. مانعی که در کار بوده، مصلحت طلبی بوده، یعنی تمرکز کشورهائی مانند چین، روی منافع محدود و کوتاه مدت خود. سودان یکی از مهمترین منابع نفت چین بوده و هست. چین به قدری به نفت سودان احتیاج دارد که حاضر بود از حق وتوی خود در **شورای امنیت** استفاده کند تا جلوی تصویب قطعنامه ای که نسل کشی را محکوم می ساخت و تحریم هائی را بر علیه سودان در نظر می گرفت، بگیرد، چرا که چنین قدمی ممکن بود یکی از منابع مهم انرژی چین را به خطر اندازد.

نمونه ی تازه ی دیگراز قساوتهای فاحش حقوق انسانی شهروندان به دست دولت یک کشور، خشونتی است که در زمان نوشته شدن این کتاب سه سال و نیم است دولت سوریه برعلیه مردم خود مرتکب کرده. این خشونت شامل استفاده از سلاحهای شیمیائی نیز بوده، و به ظهور گروههای شبه نظامی مصمم به مخالفت با دولت، و به جنگ داخلی انجامیده است، که تخمین زده میشود که تا نوامبر 2014 باعث مرگ دست کم 200 هزار نفر و آوارگی بخش بزرگی از مردم این کشور که برخی آن را 42 درصد از کل جمعیت سوریه تخمین می زنند، شده است. [91] بنابرگزارشات 3.5 میلیون سوریائی به کشورهای همسایه پناهنده شده اند، و 6.5 میلیون نفر دیگر در داخل کشورمجبور شدند تغییر مکان بدهند. [92] هرج و مرج حاصله، و ازهم پاشیدگی جامعه ی سوریه، و تضعیف دولت مرکزی، تهدیدی نسبت به صلح و ثبات در خاورمیانه و فراتر از آن شمرده شده است. همه متفق القولند که این اوضاع و احوال شرایط مساعدی را برای پیدایش و پرورش نسل جدیدی از تروریست ها مثل گروهی که به **دولت اسلامی عراق و شام (داعش)** مشهور است، فراهم کرده، که هدفش ایجاد یک دولت اسلامی تازه در عراق و سوریه است، و از خود گرایشی ذاتی به ارتکاب خشونت های بیرحمانه برای رسیدن به مقاصد نشان داده است، خشونت هائی که بدون هیچ تمایزی برعلیه سنی ها، شیعه هاو خارجی ها، صورت می گیرد. افسوس که، مانند مورد مربوط به دارفور، یک بار دیگر **شورای امنیت** خود را از اعمال تحریم های مؤثر برعلیه دولت سوریه عاجز دید، این بار به این علت که روسیه سه بار قطعنامه های پیشنهادی را وتو نمود. [93] به علاوه، با وجود جلسات مذاکره و همایش های رهبران جهان، که به امید وساطت و تنظیم یک توافقنامه ی صلح برگزار گردید، جامعه ی جهانی از پایان دادن به خشونت و رنج مردم سوریه ناتوان بوده است. [94] **رئیس اداره ی پناهندگان سازمان ملل** گفته است که ظاهرا" هیچ راه مشخصی برای یک پاسخ یکپارچه ی جهانی وجود ندارد. همان طور که بر تعداد بحرانها افزوده می گردد، جهان به طور فزاینده غیرقابل پیش بینی می شود، و اولویت ها در رقابت با یک دیگر قرار می

گیرند. هنوز بحران های قدیمی در افغانستان و سومالی حل نشده، بحران های تازه ای شروع شده اند. وی احساسات خود را این طور خلاصه کرد «این وضعیت منکوب کننده است».[95]

در نهایت، به نظر می رسد که چیزی کمتر از تهدید به اعمال قدرت از سوی یک جامعه ی متحد جهانی، که عمل پشتوانه ی آن باشد، نمی تواند خشونتی را که دولت سوریه آغاز کرده و حال به جنگ داخلی بدل گشته ، متوقف کند. از این رو، دولت سوریه فقط وقتی موافقت کرد ذخائر سلاحهای شیمیائی خود را تسلیم کند، و از معاهدات بین المللی که تولید آتی چنین سلاحهائی را تنظیم می کنند، پیروی نماید، که دولت های اروپائی و ایالات متحده ی آمریکا درفقدان عمل **سازمان ملل**، علنا" و به نحوی قابل باور، تهدید به مداخله ی مستقیم نظامی کردند.[96] با این وجود، بحران سوریه کماکان، و با تلفات و بحران های انسانی روزافزون، ادامه دارد، زیرا رهبر سوریه می داند که جامعه ی بین المللی نه اراده ی آن را دارد و نه توانش را که وی را وادار به کناره گیری سازد، یا به رفتارهای بی رحمانه اش با مردم خود پایان دهد، زیرا جامعه بین المللی متحد نیست، یک صدا نیست، وارتشی دائمی برای اجرای قهری اراده ی جمعی اش ندارد، حتی اگر چنین اراده ای داشته باشد.

<u>تولید سلاحهای اتمی</u>

نمونه ی دیگری از رفتارهایی که صلح جهان را به خطر می اندازد و از سوی برخی دولتها صورت می گیرد، تولید و صادارات غیرقانونی سلاحهای کشتار جمعی، به ویژه سلاحهای اتمی است که بر خلاف مقررات بین المللی که چنین کارهائی را منع می کنند، انجام می شود. یک مثال آشنا مبارزه ی طولانی جامعه ی بین المللی برای جلوگیری از تولید غیرقانونی مواد و سلاحهای اتمی توسط کره ی شمالی است. کره ی شمالی در ابتدا **عهدنامه ی منع تولید سلاحهای اتمی (NPT) [Nuclear Non-Proliferation Treaty]** را امضا کرد. این عهدنامه کشورهائی را که توانائی اتمی ندارند، متعهد می سازد که در عوض عدم پیگیری سلاحهای اتمی، از تکنولوژی هسته ای بهره مند گردند، و برای ایجاد تاسیسات صلح آمیز اتمی به منظور تولید نیروی کهربایی و سایر خدمات غیر نظامی، مانند دستیابی به مواد رادیواکتیو لازم برای مصارف پزشکی، کمک دریافت کنند. کره ی شمالی تحت پوشش این که به دنبال فن آوری صلح آمیز اتمی است، و می خواهد برای مردم خود نیروی کهربایی تولید کند، یک برنامه ی موازی محرمانه را برای

تولید سلاحهای اتمی دنبال کرد. پس از آن که در سال 2002 شایعات مربوط به این فعالیت های زیرزمینی علنی شد، کره ی شمالی ادعا کرد که حق دارد چنین سلاحهائی داشته باشد و **بازرسان آژانس بین المللی انرژی اتمی (IAEA) [International Atomic Energy Agency]** که شرایط معاهده ی NPT را اعمال می کردند، اخراج کرد، و چندی نگذشت که در سال 2003 رسما" از این معاهده خارج شد. این کشور سه سال بعد اعلام کرد که اولین آزمایش سلاحهای هسته ای خود را انجام داده است. از آن زمان به بعد، جامعه ی بین المللی بدون این که موفقیتی به دست آورد، کوشیده است کره ی شمالی را قانع نماید که دست از دنبال کردن تولید سلاحهای اتمی بردارد. سالها مذاکره ی متناوب منجر به توافقنامه هائی شده که مکررا" از سوی کره ی شمالی نقض گردیده است. حتی تحریم هم به کلی ناموفق از کار درآمده است: کره ی شمالی نه از بمب های هسته ای خود گذشته است، و نه از قابلیت تولید پلوتونیوم و اورانیوم غنی شده که برای تولید این سلاحها لازم است. به علاوه، به تولید موشک های بالستیک که می توانند کلاهک هسته ای حمل کنند، ادامه می دهد. بنا به گزارشات، تا همین ربع اول سال 2014، کره ی شمالی مجموعه ای از راکت ها و موشک های بالستیک با بردهای کوتاه و متوسط را امتحان کرده است. در نوامبر 2014 گزارش شد که فرمانده کل نیروهای آمریکا در کره ی جنوبی گفته است که به باور وی، کره ی شمالی سرانجام تلاشهای خود را برای مینیاتوری کردن یک سلاح اتمی که بتوان آن را روی یک موشک بالستیک حمل کرد، به ثمر رسانده است.[97] ترکیب تولید موشک های دوربرد، و مینیاتوری کردن کلاهک های اتمی به منظور سوار کردن آنها به روی این موشک ها، بر تعداد کشورهائی که می توانند در تیررس موشک های هسته ای کره ی شمالی قرار بگیرند، افزوده، و میزان تهدید و وحشت را در سراسر جهان بالا برده است. بعلاوه کره ی شمالی به «شکل جدیدی از آزمایش اتمی» تهدید کرده، و هشدار داده که به تمرین نظامی ادامه خواهد داد، تا توان خود را برای حمله ی اتمی بر هدف های متوسط تا دور، افزایش دهد.[98]

گوئی نگرانی های مربوط به کره ی شمالی کافی نبود که جامعه ی بین المللی مجبور شد با پیگرد مظنون ایران برای دستیابی به سلاحهای اتمی نیز روبه رو شود. ایران نیز، مانند کره ی شمالی، برخلاف تعهداتی که به عنوان عضو **معاهده ی منع تولید سلاحهای اتمی** برعهده داشت، نیروگاههای هسته ای مخفی ساخته، و با وجود تحریم های مکرر و روزافزون بین المللی، حاضر نشده به بازرسان بین المللی **آژانس بین المللی نیروی اتمی** اجازه ی دسترسی آزاد به همه ی نیروگاههای اتمی خود را بدهد، یا به طور کامل شرح دهد که چگونه برنامه ی اتمیش فقط به

دنبال تولید صلح آمیز انرژی هسته ای است و نه سلاحهای اتمی. در این مورد هم جامعه ی بین المللی این فعالیت ها را تهدیدی نسبت به صلح منطقه می شمارد، اما نتوانسته با وجود تحریم های بین المللی و مذاکره ی مداوم با ایران، یک توافقنامه ی دائمی را که مورد رضایت هر دو طرف باشد به امضا برساند و به نحو مؤثری این مشکل را حل کند. ماده ی گمشده و راه حل قطعی و نهائی خطری که رفتار ایران به وجود آورده، وحدت نظر، و عزم، و عمل جامعه ی بین المللی به همراه پشتوانه ای از زیرساخت های سازمانی لازم برای حمایت و اجرای تصمیمات جمعی و یکپارچه است. جامعه ی ملل باید حاضر باشد که قوانین روشنی را در مورد ساخت تسهیلات اتمی وضع نماید، و باید اختیار نظارت و تحقیق داشته باشد تا مطمئن شود این قوانین اجرا می شوند. دسترسی آزاد و بدون مانع بازرسان بین المللی اتمی باید بخشی از زیرساخت سازمانی جمعی باشد، که به منظور تضمین امنیت بین المللی عمل بکند. به علاوه، هر مدرکی دال براین که کشوری قوانین بین المللی را زیرپا گذاشته، باید بلافاصله به مجازات های فوری بیانجامد، مجازات هائی که به نحوی یکپارچه و بدون استثنا از سوی همه ی کشورها اعمال گردد. جامعه ی بین المللی باید یک ارتش دائمی، متشکل از نیروهای همه ی کشورها را تحت فرمان خود داشته باشد، تا بتواند در صورت لزوم، و برای حفظ صلح، احکام خود را با استفاده از نیروی قهری به اجرا در آورد.

کشورهائی مانند ایران و کره ی شمالی به رفتارهائی که صلح و ثبات منطقه و دنیا را به خطر می اندازد ادامه می دهند، چون می دانند می توانند این کار را بکنند و می دانند که جامعه ی بین المللی فاقد آن اتحاد و عزم جمعی است که بتواند قاطعانه اتمام حجت کند، و سپس در صورت لزوم با استفاده از نیروی نظامی، به مورد اجرا بگذارد . تا زمانی که اوضاع به این منوال ادامه دارد، جهان بازیچه ی کشورهائی است که به دنبال سلاحهای اتمی هستند.

سلاحهای اتمی فقط یکی از سه دسته سلاحی هستند که به عنوان « سلاحهای کشتار جمعی» شناخته شده اند. سلاحهای شیمیائی و زیستی دو دسته ی دیگر را تشکیل می دهند. استفاده از سلاحهای شیمیائی برعلیه مردم سوریه در سال 2013 و در جریان جنگ داخلی بین دولت سوریه وگروههای مخالف، سرانجام باعث شد که دولت سوریه اعتراف کند سلاحهای شیمیائی تولید می کند، و نه تنها دارای تسهیلات تولید، بلکه دارای انبارهای عظیمی از سلاحهای کشنده ی شیمیائی است. در نتیجه ی فشار شدید بین المللی، یک توافقنامه به امضا رسید که براساس آن سوریه فهرستی از انبارهای خود، و محل آنها را تهیه کرد، و توافق نمود که این

انبارها را تحت سرپرستی یک آژانس بین المللی، که وظیفه اش نظارت بر انهدام سلاحهای شیمیائی است، نابود سازد. متأسفانه دنیا بایستی فقط به حسن نیت دولت سوریه در تهیه ی یک شرح کامل از همه ی انبارها و تسهیلات موجود در سوریه اتکا می کرد، که با در نظر گرفتن شرایط، وضعیت مطلوبی نبود. به علاوه، دولت سوریه در تحویل انبارها ی سلاحهای شیمیائی برای صدور و انهدام، تأخیر می کرد، و همچنین برخلاف معاهده ی بین المللی حاکم بر سلاحهای شیمیائی که مستلزم نابودسازی آنهاست ادعا کرد که **سازمان منع سلاحهای شیمیائی (OPCW) [Organization for the Prohibition of Chemical Weapons]** باید به جای نابود کردن سلاحها، به مهر و موم کردن تسهیلات تولید سلاحهای شیمیائی این کشور، راضی باشد.[99] سوریه همچنان لِک ولِک می کند: بنا به گزارشات تا اواخر سپتامبر 2014 هنوز دست کم 12 مورد از تسهیلات تولید شیمیائی در سوریه باقی مانده که باید نابود گردد.[100]

تجاوزات ارضی

ربع قرن گذشته شاهد اوج گیری تلاشهای آشکار برخی از کشورها، برای کنترل گرفتن، یا ضمیمه کردن بخشی از اراضی کشورهای دیگر، بوده است. وقتی در آگست سال 1990 عراق به کویت هجوم کرد، جامعه ی بین المللی دچار شوک شد که چطور می شود یک کشور در پایان قرن بیستم، دست به چنین عمل پرخاشگرانه بزند. درنتیجه ائتلافی از کشورها به رهبری ایالات متحده برای بیرون راندن عراق از کویت جنگیدند، و کویت را به مرزهای مشروع و تعیین شده ی بین المللی بازگرداندند. اما متأسفانه این تلاش مشترک و موفقیت آمیز، که از سوی بسیاری از کشورها صورت گرفت، باعث جلوگیری از تجاوزات ارضی مشابه در سالهای بعد از آن نشد.

یکی از اختلافات ارضی و به ویژه خطرناک که اخیرا" شعله ور شده است، اختلافی است که سالهاست بین چین و ژاپن بر سرگروهی از جزایر دریاهای شرق چین، که نزد ژاپنی ها به جزایر سنکاکو[Senkaku] (و نزد چینی ها به دیالو [Diyalou]) مشهور است، ادامه داشته است. به علت این که هر دوکشور روز به روز رفتارهای خصمانه ی بیشتری از خود نشان می دهند تا این جزایر را به نام خود مشخص سازند، این اختلاف اوج گرفته است. هرچند این جزایر در واقع چیزی بیش از یک دسته صخره ی غیر مسکون در دریا نیستند، اما چیزی که آنها را جذاب و خواستنی کرده، و آنها را مصدر خطرو تشدید تنش ساخته، منابع طبیعی

سرشاری است که در آبهای ساحلی آنها قرار دارد، منابعی مانند نفت و گاز. این نگرانی وجود دارد که اگر این اختلاف به زودی حل نشود، باعث بروز جنگی در دریای جنوب شرقی آسیا گردد. دو کشور ضمن اذعان خطرات این وضعیت، یک سند رسمی را به امضا رساندند، و در آن مواضع متفاوت یک دیگر را در مورد آبهای دریای چین شرقی، و ازجمله درباره ی آبهای اطراف جزایر مورداختلاف، به رسمیت شناختند. به علاوه، نخست وزیر ژاپن درخواست نصب فوری یک تلفن اضطراری مستقیم بین دو کشوررا کرده است، تا از هر نوع برخورد یا تصادم جزئی بین کشتی های چینی و ژاپنی در آبهای مورد اختلاف که ممکن است بالابگیرد، و به یک نبرد نظامی تبدیل شود، جلوگیری گردد. [101] با این که این اقدام دلگرم کننده است، اما تضمینی وجود ندارد که این گامهای آزمایشی اولیه منجر به حل دوستانه ی این اختلاف شود. در این ضمن، جامعه ی بین المللی بدون داشتن زیرساختاری به صورت یک دادگاه بین المللی که حق قضاوت الزامی داشته باشد تا طرفین را وادار کند اختلافاتشان را به آن تسلیم کنند، فقط می تواند کنار بایستد، و منتظر بماند، و امیدوار باشد که این اختلاف به جنگی در آسیا منجر نگردد. حتی اگر دو طرف حاضر میشدند اختلافاتشان را به یک دادگاه بین المللی تسلیم کنند، به علت عدم وجود ارتش دائمی بین المللی که نماینده ی جامعه ی جهانی باشد، این دادگاه هیچ ابزاری برای اجرای احکام خود نخواهد داشت، و در نتیجه، صلح و ثبات منطقه عملا" به حسن نیت دو طرف واگذار گشته میشد.

همین اخیرا" در سال 2014، جهان شاهد یک تجاوز ارضی دیگر از سوی روسیه بود که کریمه، یعنی شبه جزیره ای که در نیم قرن اخیر جزء اوکراین بوده را ضمیمه ی خود ساخت. به علاه، روسیه تعداد عظیمی از نیروهای خود را به نواحی مرزی اوکراین شرقی حرکت داد، و این نگرانی را ایجاد کرد که قصد ضمیمه کردن اوکراین شرقی را هم دارد. فرمانده ی ارشد نیروهای نظامی ناتو در اواسط نوامبر 2014 گزارش داد که روسیه در حال حرکت دادن تعداد زیادی تانک، توپخانه، ساز و برگ جنگی، سیستم های پدافند هوائی، و نیروهای رزمی از روسیه به اوکراین است، که نگرانی های اوکراین را در مورد این که روسیه قصد دارد دست به یک حمله ی تمام عیار بزند، دامن می زد. [102] کشورهای دیگر اروپائی، بخصوص آنها که قبلا" عضو اتحاد جماهیر شوروی بوده اند، از بازگشت جنگ سرد بین اروپای غربی و روسیه نگران هستند، و می پرسند که آیا کاهش نیروهای ناتو بعد از فروپاشی اتحاد جماهیر شوروی با این تصور که روسیه حقوق همسایگانش را محترم خواهد شمرد، خطا نبوده است. درحالی که آمریکا نیروها و تجهیزاتش را بیرون کشیده، کشورهای باقیمانده ی عضو ناتو هم ازمخارج دفاعی

خود، بخصوص به سبب بحران اقتصادی و ضرورت کاهش بودجه، کم کرده اند. از رئیس سابق ستاد نیروهای نظامی بریتانیا گزارش شده که گفته است «حال که روسیه بازخیزگر است، موقع بدی است که غرب تحت رهبری ایالات متحده بخواهد در عزم و توان خود ضعف نشان دهد.» وی همچنین از این واقعیت سخن گفته که روسیه نهایتا" از سیاستمداری و تحریم فراتر می نگرد، « تاببیند مانع واقعی در مقابل عملیاتش از کجا ممکن است ظاهر شود.»[103] به هرحال در اثر عملیات روسیه، ناتو برنامه دارد حضورش را در شرق اروپا پررنگ تر کند شروع با ایجاد یک تیپ پیشتاز 4,000 نفره، که تا ژانویه ی 2016 آماده باشد، و بتوان آن را به سرعت، و درعرض چند روز، برای دفاع از اعضای ناتو در سواحل بالتیک و اروپای مرکزی اعزام کرد. با این که در ابتدا لهستان امیدوار بود که این نیروها در قلمرو این کشور مستقر گردند، اما هنوز تصمیم نهائی در مورد محل استقرار این نیروها گرفته نشده است. امید بر آن است که این تیپ هم روسیه را از تجاوزات ارضی بیشتر بازدارد، و هم به اعضای ناتو در سواحل بالتیک یعنی استونیا، لاتویا و لیتوانیا اطمینان دهد که ناتو درمقابل تهدیدات آینده ی روسیه، از آنها دفاع خواهد کرد.[104] با این حال لیتوانیا که حاضر نیست منتظر عمل ناتو بماند، یک نیروی واکنش سریع 2500 نفره و نیرومند ایجاد کرده، به این امید که بتواند تا رسیدن نیروهای پشتیبان ناتو حمله ی روسیه را دفع کند.[105]

اثرات تجاوز ارضی روسیه به اوکراین محدود به منطقه نمی شود، بلکه به دلائلی چند، از اهمیت جهانی برخوردار است . یکی از این دلائل تأثیری است که روی اقتصاد اوکراین گذاشته، وآن را نیازمند به تزریق مقادیر معتنابهی پول از غرب کرده است. گزارشاتی که از مناطق شرقی که جنگ میان جدائی طلبان روسی و نیروهای اوکراین درآن جریان دارد، می رسند، میزان خسارات وارده را میلیاردها دلار برآورد می کنند. از طرف دیگر، روسیه لوله های گازرسانی اوکراین را قطع، و این کشور را تحریم کرده، تا بازارگانیش را راکد سازد. روی هم رفته تخمین زده می شود که تا پایان سال 2014 اقتصاد اوکراین دچار یک انقباض 10 درصدی شود، که از قرار معلوم بسیار بیشتر از آن است که انتظارش می رفته است.[106] تجاوز روسیه برعلیه اوکراین همچنین قابلیت آن را دارد که صلح و ثبات جهان را برهم بزنند، زیرا به نحو فزاینده ای سایر کشورها، ازجمله اعضای **اتحادیه ی اروپا** و **ناتو**، و دررأس همه ی آنها ایالات متحده را به دایره ی خویش می کشانند.

اختلافات مرزی بسیار دیگری هم در گوشه وکنار جهان هر لحظه ممکن است به صورت جنگی شعله ور گردند و ثبات را برهم بزنند. یکی از این اختلافات، اختلافی است که بر سر مرزآبی غربی بین کره ی شمالی و کره جنوبی وجود دارد، که در سالهای 2010 و 2014 منجر به تبادل متناوب آتش توپخانه بین دو کشور شده است. در حالی که این اختلاف مرزی همچنان اوج می گیرد، و کره ی شمالی موشک های دور برد و برد متوسط خود را گسترش می دهد، و یک موشک بالستیک بین قاره ای تولید می کند، کره ی جنوبی هم اخیرا" آزمایش موشک خود را انجام داده، و با موفقیت یک موشک بالستیک جدید را که می تواند به اکثر نقاط کره شمالی برسد، تولید کرده است. [107]سایر اختلافات خطرناک مرزی شامل اختلافات قدیم بین هند و پاکستان و چین بر سر کشمیر و مناطق مختلف دیگر، بین اسرائیل و سوریه برسربلندیهای جولان، و بین اسرائیل و دولت خودمختار فلسطین برسر اورشلیم و مرزهای یک دولت پیشنهادی فلسطینی، ادامه دارد. هریک از این اختلافات همراه با اختلافات دیگر، مانند بشکه های باروتی هستند، که ممکن است هر لحظه ای به صورت خشونت و جنگ منفجر شوند و چنانکه سایر کشورها به حمایت یکی از طرفین می شتابند، جنگ به سایر نقاط نیز گسترش یابد.

<u>راه حل : یک نظام مؤثر امنیت جمعی</u>

واضح است که جامعه ی بین المللی بیش از حد از پذیرش مسئولیتی که در قبال برداشتن گامهای لازم به سوی حفظ صلح و جلوگیری از جنگ درجهان دارد، امتناع کرده است. افسوس که ما، مردم عادی جهان، بهای آن را پرداخته ایم. راه حل همه ی این مشکلات، ایجاد یک نظام بین المللی امنیت جمعی در چارچوب یک فدراسیون جهانی است، که هم نیرومند و هم خم پذیر باشد. این نظام باید بتواند هم خطر نقض صلح و امنیت بین المللی را به حداقل برساند، و هم اگر چنین نقضی صورت گرفت وسیله ای را برای بازگرداندن سریع و مؤثر صلح فراهم سازد.

جلوگیری از نقض صلح و امنیت جهانی

برای حفظ صلح و پیشگیری و ممانعت از جنگ چندین شرط لازم باید فراهم شود.

ایجاد یک توافقنامه ی بین المللی لازم الاجرا در مورد امنیت جمعی

در اولین گام کشورهای جهان باید یک توافقنامه ی بین المللی را به امضا برسانند که تنها هدفش تضمین صلح و امنیت برای همه ی ملل جهان باشد. برای این که احتمال موفقیت این توافقنامه افزایش یابد، باید در ابتدا از سوی یک گروه مرکزی از رهبران جهان تنظیم شود، رهبرانی که به خلوص نیت و جانسپاری به صلح جهانی، و راستی، و درستی، و شجاعت، در دنبال کردن مصلحت بشریت در کل، و آمادگی برای ایستادگی و استقامت در خدمت به مصالح عمومی، مشهور باشند. همین که این گروه مرکزی به اتفاق رسید، باید بکوشد که این اتفاق را به تصویب همه کشورها برساند، تا یک معاهده ی بین المللی با شرکت همه ی کشورهای جهان ایجاد گردد. یکی از مواد اصلی این معاهده باید این باشد که اگر کشوری یکی از شرایط آن را نقض، و در نتیجه اختلالی در صلح ایجاد کرد، همه ی کشورهای دیگر قیام نمایند و آن را وادار به اطاعت کنند. این پاسخ یکپارچه باید به تبع معیارها و مقرراتی صورت گیرد که از قبل، و به طور جمعی، وضع و تعیین شده باشند.

محدود کردن نوع و مقدار نیرو و سلاحی که هر کشور می تواند داشته باشد

برای این که خطر وسوسه شدن کشوری به نقض صلح به حداقل برسد، باید میزان و نوع نیرو و سلاحهای جنگی را که هر کشوری می تواند داشته باشد، محدود کرد. همه ی کشورها باید به عنوان یک قاعده ی کلی توافق کنند، که مقدار اسلحه ائی را که هرکدام می توانند داشته باشند به حداقلی که برای حفظ نظم و امنیت داخلی در درون مرزهایشان لازم است، محدود کنند. این توافق باید درآن معاهده ی بین المللی تجسم یابد. سپس باید یک **کمیسیون بین المللی** منصوب شود، تا شرایط هر کشور را بررسی و تعیین کند، که به طور منطقی این حداقل برای آن کشور چقدر است. این کمیسیون باید درمورد سلاحها و نیروهائی که عملا" در مالکیت هر کشور است، تحقیق کند. سپس باید برنامه ای برای نابودسازی نیروها و سلاحهای اضافی که از میزان لازم برای حفظ نظم داخلی کشورها بیشتر است، تنظیم شود. و سرانجام، روند نابودسازی سلاحها باید تحت نظارت هیئتی که به

طور بین المللی منصوب شده باشد، قرار گیرد، تا شفافیت تضمین گردد و از بروز هر گونه سوء ظنی جلوگیری شود.

برای اینکه چنین برنامه مؤثر واقع شود، لازم است که توافقنامه ی مربوط به محدود کردن مالکیت سلاح و نیرو، بدون هیچ گونه استثنائی در مورد همه ی کشورها اجرا گردد. نباید به هیچ کشوری اجازه داد که با استناد به یک استثنای امنیتی از اجرای آن سرباز زند، و هیچ کشوری هم نباید بتواند از این توافقنامه کنار بکشد. اگر کشوری به هر کدام از این اعمال وسوسه شود، عملش بایستی تهدیدی نسبت به صلح تلقی گردد، و خود به خود عمل قهری جمعی را به جریان اندازد.

این معاهده ی بین المللی باید ماده ای هم در مورد محو کردن کلیه ی سلاحهای اتمی داشته باشد. برای هیچ کشوری دلیل موجهی برای داشتن سلاحهای اتمی وجود ندارد. استفاده از آنها قابل تصور نیست و این که مالکیت آن به چند کشور محدود شود، هم غیر عادلانه، و هم همان طور که بشریت به تجربه دریافته، درنهایت غیر ممکن است. تا زمانی که حتی یک کشور سلاح اتمی داشته باشد، دیگران هم به علت دسته ای از دلائل، که بهترین آن عدم امنیتی است که در همسایه ها و رقبا به وجود می آید، و بدترین آن میل به کسب قدرت و نفوذ بیشتر درجهان است، به دنبال آن خواهند بود. علاوه برمحو کردن زرادخانه های موجود سلاحهای اتمی، همه ی کشورها باید توافق کنند که تهیه و تولید سلاحهای کشتار جمعی تازه، و همچنین مواد شکافتنی مثل اورانیوم غنی شده و پلوتونیوم جدا شده را، که در تولید چنین سلاحهائی مورد استفاده است، متوقف سازند. این کشورها همچنین باید توافق کنند که همه ی تسهیلات و مواد اتمی لازم برای تولید انرژی هسته ای را تحت مدیریت و نظارت یک هیئت فراملیتی قرار دهند، تا تضمین کند صرفا" برای مقاصد صلح طلبانه و مشروعی، مانند تولید الکتریسیته و تأمین انرژی، و یا تولید نوکلئوتید برای برآوردن نیازهای پزشکی جهان، مورد استفاده قرار می گیرند. درنتیجه این خطر نیز از بین می رود که کشوری مخفیانه یک برنامه ی هسته ای قانونی برای تولید انرژی را به سوی مقاصد نظامی منحرف سازد.

تقویت دادگاه بین المللی برای افزودن بر اعتبار و کارآئی آن

کشورها به ناچار اختلافاتی دارند که باید حل شود. هدف ما باید این باشد که تضمین نمائیم این اختلافات به نحوی مسالمت آمیز، و بدون استفاده از نیروی نظامی، و بدون تبدیل شدن به جنگهائی که ثبات را برهم می زنند، حل شوند. برای این منظور، کشورها باید ملزم شوند که اختلافات خود را به **دادگاه بین المللی** ببرند. این دادگاه بین المللی باید صلاحیت اجباری داشته باشد، تا بتواند درباره ی همه ی اختلافات بین کشورها حکم صادر کند، و همه ی کشورها هم باید بدون استثنا ، و بدون حق انصراف، به صلاحیت آن تسلیم شوند. بعلاوه، حکم دادگاه بین المللی باید برای همه ی طرف های یک نزاع یا مناقشه الزامی باشد، و بتواند به وسیله ی یک نیروی نظامی بین المللی به اجرا درآید. بدون وجود چنین الزامی، ممکن است برخی کشورها بدون ترس از مجازات، احکام این دادگاه را نادیده بگیرند و به این ترتیب از اعتبار آن کاسته، بر احتمال جنگ بیفزایند.

برای این که کشورهای جهان توافق کنند که این دادگاه را به نحو فوق تقویت کنند، **دادگاه بین المللی** باید هم احترام و هم اعتماد همه ی کشورها را به دست آورد، و این فقط درصورتی ممکن خواهد بود که به نحو شایسته ای نماینده ی همه ی کشورها به شمار آید، و کار قضاتش عادلانه، و به سود جامعه ی کشورها، تلقی گردد. این قضات باید بی طرف و مبرا از هرنوع ایراد اخلاقی باشند. کلید ایجاد این نوع اعتماد، در نحوه ی انتخاب قضات **دادگاه بین المللی** است. در وهله ی اول، اهمیت زیادی دارد که این قضات انتخاب شوند و نه انتصاب. یک نحوه ی انتخاب که نمایندگی وسیع را تضمین می کند، آن است که مجلس هر کشوری، به نسبت مستقیم با جمعیت آن کشور، دو یا سه نماینده ی ملی را انتخاب کند. انتخاب این نمایندنگان ملی باید از سوی قوه ی مجریه و رئیس حکومت در هر کشوری، به تصویب برسد. پس از آن این نمایندگان باید از میان خودشان تعداد مشخصی را برای خدمت در **دادگاه بین المللی** انتخاب کنند. به این ترتیب، این دادگاه به طور حقیقی نماینده ی همه ی ملل و دول خواهد بود.

همین که قضات **دادگاه بین المللی** انتخاب شدند، باید مستقل، و به دور از هر گونه فشار سیاسی، یا مداخله ی خارجی، عمل کنند. انتصاب آنها باید برای یک دوره ی معین باشد، و ازجوییدن مناصب دولتی درآینده، نیز، باید ممنوع باشند. تمهیداتی نیز باید وجود داشته باشد که تضمین کند دادگاه از مالیاتهای جهانی که **مجلس**

قانونگزاری بین المللی وضع کرده، به شایستگی تأمین مالی می شود، و قضات دستمزد مناسبی دریافت می کنند، و تحت فشار قرار نمی گیرند که برای نفع طرفی تصمیم بگیرند، و چه قبل و چه بعد از بازنشستگی از مجازات و تلافی در امان هستند.

برقرار کردن سریع و مؤثر صلح در صورت نقض آن

هرچقدر هم که یک نظام امنیت جمعی نیرومند و موثر و خوش ساخت باشد، باز هم بعید است که جلوی همه ی برخوردها را بگیرد. احتمالا" مواردی، که امیدواریم کم باشد، خواهد بود که کشوری وسوسه شود به شکلی عمل کند که صلح بین المللی یا منطقه ای را مختل کند. دراین گونه موارد یک نظام امنیت جمعی کارآمد باید بتواند به سرعت آن کشور را به زانو درآورد، و صلح را برگرداند، و برای این کار به یک سازوکار اجرائی نیرومند، و به ویژه به یک نیروی نظامی بین المللی و دائمی، احتیاج دارد.

ایجاد یک ارتش بین المللی دائمی

در صورتی که کشوری یکی از مواد **معاهده ی بین المللی** را زیرپا بگذارد و به این ترتیب صلح را نقض کند، یا دست به رفتاری که صلح را به خطرمی اندازد، بزند، مثل حمایت از گروههای تروریست، یا نقض فاحش و گسترده ی حقوق بشر، یا تولید و تهیه ی غیرقانونی سلاحهای اتمی، یک **هیئت مجریه ی بین المللی که به طریقی که قبلا"** مطرح شد ایجاد شده باشد، باید نیروها و تجهیزاتی را در دسترس فوری خود داشته باشد که آماده ی اعزام سریع و مؤثربرای حفظ یا بازگرداندن صلح باشند. بدون چنین قابلیت اجرائی، **معاهده ی بین المللی** قانون مهملی خواهد بود، وهیئت **مجریه** قدرت، کارآئی، و اعتبار خود را از دست خواهد داد، درست همان طور که درحال حاضر در مورد **شورای امنیت سازمان ملل**، یعنی همان سازمانی که فعلا" وظیفه ی حفظ صلح و امنیت جهانی را به عهده دارد، شاهد آن هستیم. تاریخ اخیر سرشار از نمونه های عدم کارآئی و ضعف **شورای امنیت** است. به چند مورد از آن قبلا" اشاره کردیم مثل نسل کشی در دارفور، برنامه های غیرقانونی تولید سلاحهای اتمی در کره ی شمالی و ایران، و کشتار های گسترده و نقض حقوق بشر در سوریه.

بسیاری از مردم و بسیاری از کشورها با ایجاد یک ارتش دائمی بین المللی مخالف هستند، زیرا می ترسند از کنترل خارج شود و به عامل تهدیدی در دست یک حکومت جهانی دیکتاتوری بدل گردد. برای متقاعد ساختن این بدبینان که یک ارتش دائمی بین المللی برای سعادت بشر حیاتی است و به مصلحت همه ی کشورهاست، باید به هنگام بنای چنین ارتشی از این سه اصل اساسی پیروی کنیم.

اولین اصل آن است که اعمال قدرت هنوز نقشی برای بازی کردن در روابط بین المللی دارد، البته تا زمانی که این اعمال قدرت به صورت جمعی، و مطابق با رهنمودهای از قبل تعیین شده و روشن، و از سوی مؤسسات جمعی که واقعا" نماینده ی همه ی کشورهای جهان باشند، صورت گیرد. به علاوه، این اعمال قدرت فقط باید درخدمت عدالت، به آن مفهوم که از قبل و براساس توافق کشورها تعیین شده، باشد. یکی از بانیان مهم صلح در قرن بیستم به همین معنی توجه داشت وقتی گفت گاهی جنگ «بنیان اعظم صلح است» و «تدمیر سبب تعمیر». [108] وی ادامه می دهد و می گوید وقتی جنگی برای یک هدف درست صورت می گیرد «این قهر عین لطف» و « این ظلم جوهر عدل و این جنگ بنیان آشتی است». [109]

مثالی که در مورد ضرورت استفاده ی گاه به گاه از نیروی قهری به ذهن می رسد، مثال شیمیوتراپی است، یعنی استفاده از موادشیمیائی که درحالت عادی مرگ آوراست، برای کشتن بافت های بیمار برای رهائی بدن از سرطان. با وجود این که سلولهای سالم بسیاری همراه با سلولهای سرطانی نابود می شوند، اما دست روی دست گذاشتن نیزاستراتژی جایگزین خوبی نیست. قربانی کردن برخی از سلولهای سالم برای رسیدن به هدف بزرگتر نجات بیمار ضروری است، واگر ما روی این تمرکز کنیم که همه ی سلولها را سالم نگه داریم، جان خود بیمار را به خطر می اندازیم.

اصل دوم آن است که حاکمیت ملی باید محدود شود. این اصل درهمان ابتدا که **منشور سازمان ملل** نوشته می شد، تلویحا" در زمینه ی استفاده از نیروی قهری به رسمیت شناخته شد. تدوین کنندگان **منشور** تشخیص می دادند که استفاده از نیروی قهری گاهی لازم خواهد بود، بنابراین مقرر کردند که کشورهای جهان طی توافقنامه ای با **شورای امنیت**، نیروهای مسلح، کمک، و تسهیلات، برای این **شورا** فراهم کنند، تا در صورتی که صلح جهانی به خطر افتاد یا نقض شد، از آن استفاده کند. [110] متأسفانه به علت این که کشورهای جهان حاضر نشدند از حاکمیت مطلق خود، بخصوص در زمینه ی قدرت نظامی، و بالاخص در رابطه با ترکیب،

نگهداری و جایگاه نیروهای نظامی خود چشم پوشی کنند، مواد مربوطه در **منشور** هرگز اجرا نشد، و **شورای امنیت** را از همان بدو پیدایش، به شدت تضعیف نمود.

اصل سوم آن است که بهترین راه دستیابی به خیر جزء آن است که خیر کل را تضمین کنیم. به عبارت دیگر، یک کشورفقط در حالی می تواند عملا" سعادت خود را تضمین نماید که در ابتدا خیر همه ی کشور ها را تضمین کند. این به آن معناست که اگر تهدیدی نسبت به صلح صورت گیرد، یا صلح به هر صورتی نقض گردد، پاسخ باید پاسخی جمعی باشد. این پاسخ جمعی را باید یک نهاد جمعی بدهد که می تواند شکل اصلاح شده ای از شورای امنیت باشد، یا هیئت مجریه ی یک فدراسیون جهانی، که به هرصورت باید از پشتیبانی یک نیروی نظامی دائمی که نماینده ی همه ی ملتها به شما ر آید، برخوردار گردد. بعلاوه این پاسخ باید طبق مقرراتی صورت گیرد که از قبل، و با توجه به توافق عمومی، تعیین شده باشد.

همین که کشورها این اصول را پذیرفتند، با میل بیشتری ضرورت وجود یک ارتش دائمی که از هوی و هوس یک کشورخاص، یا گروهی از کشورها رها، و از بلای مصلحت طلبی آزاد باشد را قبول می کنند، چرا که این ارتش قاطعانه **معاهده ی بین المللی** را به اجرا در خواهد آورد، و از قوانین بین المللی پشتیبانی خواهد کرد.

تعیین موازین و شرایط استفاده از یک ارتش دائمی

علاوه بر ایجاد یک ارتش دائمی بین المللی، ضروری است که ازقبل، و از سوی همه ی کشورهای جهان، موازینی که تحت آن چنین نیروئی می تواند برای برقرارسازی صلح عمل کند، تعیین شده باشد. اگر قرار باشد از برخی از اشتباهائی که به هنگام ایجاد نظام کنونی **سازمان ملل متحد** مرتکب شدیم، احتراز کنیم، این امر اهمیت زیادی دارد. برای مثال، تحت ضوابط **منشور سازمان ملل، شورای امنیت** می تواند درصورت تهدید یا نقض صلح و یا تجاوز، از نیروی نظامی برای حفظ یا بازگرداندن صلح، استفاده کند،[111] اما این شرایط تعریف نشده اند. این نقصی است که باید اصلاح شود. تحت ضوابط یک توافقنامه ی جدید درمورد امنیت جمعی، این تعریف باید مشخص کند که یک ارتش دائمی تحت چه شرایطی می تواند عمل کند، و دست کم باید این موارد را در بر داشته باشد: موارد نقض فاحش حقوق بشر مانند نسل کشی، تهیه و تولید و فروش امکانات هسته ای به صورت قاچاق، و بر خلاف قوانین بین المللی، حمایت دولتی از تروریسم، ذخیره

سازی تسلیحات، تجاوز ارضی، عدم اجرای حکم **دادگاه بین المللی** (بخصوص اگر احتمال جنگ را افزایش دهد)، و نقض هر یک از مواد **معاهده ی بین المللی**.[112]

قدم های تدریجی به سوی ایجاد یک ارتش دائمی

در حرکت به سوی ایجاد یک ارتش دائمی آنچنان که در بالا به تصویر کشیده شد، احتمالا" با مقاومت حکومت ها رو به رو خواهیم شد. اما با پیشنهاد یک رویکرد تدریجی می توان این امر را برای کشورهای جهان قابل هضم تر کرد. به این صورت که اول سازمان های امنیت منطقه ای تشکیل شوند، که هرکدام نیروهای نظامی دائمی خودشان را داشته باشند. در این اولین مرحله نیروهای نظامی دائمی مناطق به عنوان بخشی از یک شبکه ی سست، که همه ی سیاره را در بر می گیرد، عملیات خود را با یک دیگر هماهنگ خواهند کرد. برای کشورهای جهان برداشتن این قدم آسان تر خواهد بود چه که تجربه نشان داده است که برای آنها آسان تر است که حق حاکمیت خود در مورد امنیت ملی را به یک سازمان منطقه ای واگذار کنند، تا به یک سازمان بین المللی گسترده تر. (**نیروی اضطراری آفریقا** و **نیروهای واکنش سریع اروپا** مثال های خوبی هستند). دلائل متعددی برای این امر وجود دارد، از جمله این واقعیت که در یک منطقه اغلب زبان و فرهنگ مشترک است، و بنابراین اعتماد و تفاهم بیشتری وجود دارد. همچنین یک سازمان منطقه ای غیر متمرکزمعمولا" به اندازه ی یک قدرت متمرکز دوردست وحشت برانگیز نیست، قدرتی که تصمیماتش را از دورمیگیرد بدون درک کافی از شرایط محلی، و پیامدهای زیان آور تصمیمات اشتباه. به علاوه همه ی کشورها انگیزه ی قوی تری برای همکاری در جهت حفظ امنیت منطقه ی خود دارند، چون بطور مستقیم تر و شدیدتری از حوادث ناخوشایندی که در نزدیکی آنها اتفاق می افتد، متأثر می شوند. بنابراین به نفع آنهاست که در تلاشهائی که برای حفظ امنیت منطقه خود صورت می گیرد، شرکت کنند.

همین که این شبکه ی آزاد از سازمانهای امنیت منطقه ای و ارتش های دائمی مربوطه مستقر شدند، و برای مدتی کار کردند، می توان گام دوم را برداشت. در مرحله ی دوم سازمانهای امنیت منطقه ای باید ارتباط خود را با **هیئت مجریه ی بین المللی** رسمی سازند، و نیروهای خود را برای استفاده در اختیار آن قرار دهند. این گام این امتیاز را نیز دارد که **هیئت مجریه ی بین المللی** که نبض امنیت جهان را در دست دارد، می تواند مسئولیت اولیه ی امنیت هر منطقه را به سازمان امنیت همان منطقه بدهد. اصل عملیاتی آن خواهد بود که هرتهدیدی نسبت به هر کدام از

کشورها، تهدیدی نسبت به همه ی کشورهای منطقه به شمار آید. اما قبل از آن که سازمان امنیت منطقه ای بتواند از نیروی نظامی منطقه ای در یک موقعیت خاص استفاده کند، باید اول موافقت **هیئت مجریه ی بین المللی** را به دست آورد، همان طور که در حال حاضر در رابطه با **شورای امنیت** و تحت ضوابط **منشور سازمان ملل متحد** لازم است،[113] البته به جز در موارد اضطراری، که در آن سازمان امنیت منطقه ای می تواند اول عمل کند و بعدا" به دنبال تصویب رساندن آن باشد. و بالاخره یک مزیت دیگر این که **هیئت مجریه ی بین المللی** فعالیت های امنیتی را در سراسر جهان هماهنگ کند، آن است که می تواند یک چارچوبه ی زمانی را برای حل مشکل از سوی نیروی نظامی منطقه ای تعیین نماید. اگر نیروی منطقه ای نتوانست در موعد مقرر مسئله را حل کند، این هیئت مجریه می تواند از سایر نیروهای منطقه ای کمک بگیرد. این همکاری فزاینده در حل مشکلات، کم کم اطمینان ایجاد می کند، و به مناطق جهان می آموزد که درجهت آرمان مشترک صلح با یک دیگر همکاری کنند.

سرانجام جهان برای برداشتن گام سوم و نهائی آماده خواهد شد، و آن ادغام و یک رقم کردن نیروهای مختلف منطقه ای به صورت واحدهای همیشگی یک ارتش دائمی و واقعا" مستقل است، که هرکدام در منطقه ی خود استقرار دارند. چنین ترتیبی توجیه عملیاتی دارد، چرا که نیروهای منطقه ای از نظر فیزیکی به برخوردهائی که ممکن است در منطقه ی آنها اتفاق بیفتد نزدیک ترخواهند بود، و باسرعت بیشتری می توانند وارد عمل شوند. توجیه مالی هم دارد، زیرا مخارج جابه جا کردن نیروها در مسافت های طولانی، وهزینه ی ایجاد اقامتگاههای منطقه ای در مکانهائی که جنگی درآنها واقع می شود را، ازبین می برد. در این مرحله ی نهائی از پیشرفت، این واحد ها فقط تحت فرمان **هیئت مجریه ی بین المللی** و کاملا" مستقل از تک تک کشورها یا گروههای منطقه ای کشورها عمل خواهند کرد. به هرحال، آنها به طور منظم به تمرینات آموزشی مشترک خواهند پرداخت، و سیستم های مخابراتی منسجم، و تجهیزات همساز، و یک زبان مشترک خواهند داشت، تا بتوانند در صورت لزوم، در اتحاد کامل و به نحوی خلل ناپذیر و کارآمد، با یک دیگر کار کنند.[114]

مزایای یک ارتش دائمی بین المللی

ایجاد یک ارتش دائمی بین المللی مزایای بسیاری خواهد داشت. یکی از آنها بازداری است: کشورهای جهان احتمالا" قبل از بی احترامی به قوانین بین المللی

به عواقب عمل جمعی که برعلیه آنها صورت خواهد گرفت توجه خواهند کرد. مزیت دیگر آن است که قدرت قوانین و مؤسسات بین المللی، نه فقط درکلام، بلکه در عمل، حفظ خواهد شد. بعلاوه، وجود مقررات ازپیش تعیین شده ای که مشخص می کنند چه موقع می توان از ارتش دائمی استفاده کرد، به این معنی است که سازمانهای بین المللی که وظیفه ی حفظ صلح این سیاره را برعهده دارند، مانند **شورای امنیت** فعلی، یا **هیئت مجریه ی بین المللی** آتی، قادرخواهند بود که با سرعت، قاطعیت و کارآئی، و بدون شک و دو دلی عمل کنند، و مشکلات را در نطفه، و قبل از این که به صورت جنگ های تمام عیار ظاهر شوند، خفه سازند. این مزیت اضافه را نیز دارد که نیروی نظامی هیچ کشوری بیش از حد، گسترده نخواهد شد، و هیچ ملتی هم مجبور نخواهد بود که بار نامتناسب و ناعادلانه ی مالی و انسانی چنین گسترشی را تحمل کند. و آخرین و نه کمترین مزیت آن این است که یک چنین نظام جمعی تضمین می کند که مقررات به طور یکسان در مورد همه ی کشورهائی که صلح را نقض می کنند، به کارگرفته شود.

جهان به شدت به یک نظام موثر امنیت جمعی محتاج است که کشورها را از جنگ بازدارد ودرصورت نقض صلح، آن را دوباره بازگرداند. ایجاد چنین نظامی نه تنها ممکن، بلکه گریزناپذیر است. ایجاد چنین نظامی مستلزم آن است که جمعی از رهبران بصیر و ملهم، که تنها انگیزه شان اشتیاق به صلح باشد، یک **معاهده ی بین المللی** را در چارچوبی که گفته شد، به امضا برسانند. برای این که نظام امنیت جمعی که در این **معاهده ی بین المللی** متجلی می شود، کارآمد باشد، باید دست کم میزان سلاح و نیروئی را که هر کشور می تواند داشته باشد محدود سازد، همه ی سلاحهای هسته ای را نابود کند، دادگاه بین المللی را تقویت نماید، و یک ارتش دائمی بین المللی با انسجامی روزافزون، به وجود آورد.

تغییرات آب و هوا و اوج گیری تقاضا برای انرژی

تغییرات آب و هوائی

در هیچ حوزه ای از حیات بشری نیاز به تصمیم گیری جمعی به شکل یک فدراسیون جهانی آشکارتر از حوزه ی تغییرات آب و هوائی نیست، مسئله ای که با اطمینان می توان آن را بزرگترین خطر واحدی دانست که امروزه بشریت را تهدید می کند. اگر بگذاریم این امر همچنان و بدون جلوگیری ادامه پیدا کند، خسارات

توصیف ناشدنی به بار خواهد آورد، و حیات به شکلی که می شناسیم را به کلی نابود خواهد کرد.

سالهاست که دانشمندان، تغییرات آب و هوائی را زیر نظر دارند و مطالعه می کنند. در سال 1988 سازمان ملل یک **هیئت کارشناسی فراملیتی در باب تغییرات آب و هوائی (IPCC) [Intergovernmental Panel on Climate Change]** تشکیل داد و صدها دانشمند برجسته از سراسر عالم را برای مطالعه ی تغییرات آب و هوائی گرد هم آورد، تا نتیجه گیری های خود را در گزارشات دوره ای خلاصه ومنتشر نمایند. این هیئت مدتی است که به ما هشدار می دهد دمای سطح زمین با سرعتی بی سابقه رو به افزایش است. این هیئت در پنجمین گزارش ارزیابی خود، روشن ساخت که گرم شدن زمین تقریبا" به طور قطع (با حدود 95 درصد قطعیت) نتیجه ی مستقیم فعالیت های انسانی است، فعالیت هائی که منجر به آزاد شدن گازهای گلخانه ای در زیست کره شده است.[115] این گازها گرما را به دام می اندازند و دما را در سطح زمین افزایش می دهند. یکی از بزرگترین اجزای گازهای گلخانه ای گاز دی اکسید کربن است، که از بسیاری از منابع انسانی و بخصوص از سوزاندن سوخت های فسیلی نظیر ذغال، چوب، نفت، و گاز های طبیعی آزاد می شود. پدیده ی گرم شدن زمین نه تنها واقعی است، بلکه خطرات بزرگی را هم برای نظام های انسانی، و هم برای نظام های طبیعی ایجاد می کند، و این **هیئت کارشناسی** هشدار می دهد که اگر کاری برای جلوگیری از آن صورت نگیرد، از اواسط تا پایان این قرن «اثرات وخیم، گسترده و تغییر نا پذیر» را به بار خواهد آورد.[116] گرم شدن زمین به طرق مختلف حیات را بر روی کره ی زمین شدیدا" به خطر می اندازد : همان طور که دمای اتمسفر در نزدیکی سطح زمین افزایش می یابد، یخچالهای طبیعی و کلاهک های یخی به سرعت ذوب می شوند، و باعث افزایش سطح آب دریاها و اقیانوسهای جهان می گردند. این هیئت در حال حاضر پیش بینی می کند که اگر گرم شدن زمین متوقف نشود، تا سال 2100 سطح دریاها بین 3 تا 12 فوت بالا خواهد آمد.[117] بالا آمدن سطح آب به میزان همان 3 فوت هم برای برخی از کشورها به معنی فاجعه است. سی و سه جزیره ی کوچک و آتول مرجانی کیریباتی[Kiribati] فقط در ارتفاع چند فوتی از سطح دریا قرار دارند. بالا آمدن 3 فوتی آب دریا به معنای آن خواهد بود که این کشور، که خانه ی 100 هزار نفر است، زیر آب فرو می رود. هنوز چیزی نشده، اثرات سوء بالا آمدن سطح آب دریا در این کشور جزیره ای احساس می شود: نفوذ آب شور منابع آب آشامیدنی را آلوده کرده، و زمین های کشاورزی را از بین برده

است. رئیس جمهور کیریباتی پیش بینی می کند که کشورش در عرض 30 تا 60 سال غیرقابل سکونت شود. [118] سرنوشت مشابهی در انتظار سایرکشورهای جزیره ای کم ارتفاع، مانند مالدیو[Maldives] و تووالو[Tuvalu] و همچنین مجموعه جزایر دیگری، مانند مجمع الجزایر سان بلاس [San Blas Islands]در ساحل پاناما ست. [119] فی جی درحالی که در خطر ناپدید شدن کامل نیست، اما بسیاری از زمین های خود را به دریا خواهد باخت.

متأسفانه در حالی که سطح آب در سراسر جهان بالا می آید، اما میزان آن در همه جا یکسان نیست. تفاوت در دمای آب، جریانات آبی، حرکات زمین، و شوری، ممکن است پستی و بلندی های منطقه ای و محلی در سطح آب ایجاد کند. در نتیجه پیش بینی می شود که تاسال 2100 در کشورهائی نظیر بنگلادش، سطح دریا تا چهار برابر میانگین جهانی، یعنی به اندازه ی 13 فوت، بالا بیاید. حتی بالا آمدن سطح آب به اندازه ی 3 فوت هم کافی است تا بسیاری از جوامع ساحلی، و ازجمله نوارهای ساحلی وسیعی از بنگلادش را نابود کند، وتنها در بنگلادش باعث آوارگی میلیون ها نفر گردد. درواقع تخمین زده می شود که اگر بالا آمدن سطح آب مطابق پیش بینی ها صورت گیرد، تا سال 2050 تعدادی به زیادی 50 میلیون نفر از بنگلادش بگریزند. [120] ساکنان این مناطق به صورت پناهندگانی در خواهند آمد، که در جستجوی مکانهائی برای زندگی در داخله های کشورها هستند. کسانی که درحال مطالعه ی این مسئله هستند، پیش بینی می کنند همین که میزان سرزمین هائی که انسان می تواند در آنها زندگی کند، و آب آشامیدنی و غذا به دست آورد، رو به کاهش گذارد، وقوع درگیری های خشونت آمیز گریز ناپذیر شود. [121]

حتی کشور ثروتمند و قدرتمندی نظیر ایالات متحده، نیز، از اثرات بالا آمدن سطح آب در امان نیست. در واقع پیش بینی شده است که سطح آب در سواحل ایالات متحده در کنار اقیانوس اطلس بیش از شش فوت بالا بیاید، و نواحی شهری پهناوری مانند بستن، نیویورک، بالتیمور، فیلادلفیا و پرویدنس رد آیلند را به خطر اندازد. [122] میامی که یکی از پرجمعیت ترین شهرهای آمریکاست، به نحو ویژه ای نسبت به بالا آمدن آب دریا آسیب پذیر است، زیرا روی اساسی از سنگ آهک متخلخل بنا شده است. [123] پژوهشگران پیش بینی می کنند که تا سال 2060 آبهای اطراف این شهر ممکن است تا 2 فوت بالا بیاید. [124]

گرم شدن زمین علاوه بر بالا آوردن سطح آب دریاها، امواج گرما و باران های شدیدی را نیز ایجاد می کند. غیرقابل پیش بینی شدن روز افزون وضعیت آب و

هوائی در برخی جاها، باعث خرابی محصول شده وهمچنین بخش هائی از جهان، مانند منطقه ی مدیترانه را خشک ساخته، و برمیزان بروز خشکسالی و قحطی افزوده است. در مجموع برای کشاورزان، بخصوص در مناطق گرم تر، برآوردن نیاز روز افزون به غذا روز به روز سخت تر می شود، امری که به بروز قحطی می انجامد. **هیئت کارشناسی** در مورد خطراتی که عرضه ی مواد غذائی را تهدید می کند نیز به شدت اخطار داده، و خاطرنشان کرده است که تغییرات آب وهوائی مدتی است که محصول گندم و ذرت را در سطح جهانی پائین آورده است.[125] تغییرات آب و هوائی منابع آب را نیز تهدید می کنند: در برخی مناطق سطح زمین های پوشیده از برف عمیق درحال کاهش است، و در مناطق دیگر آب دریا کم کم آب رودخانه را به آب شورو غیر قابل آشامیدن، و زمین های اطراف آن را هم به زمین های بایر و غیرقابل کشت، تبدیل می کند. تغییرات آب و هوائی درحال نابود کردن جنگل ها و سواحل مرجانی است، و بسیاری از گیاهان، جانوران و گونه های ماهی را به انقراض جمعی تهدید می کند.[126] مواد آلی که تا به حال در خاک مناطق قطبی منجمد شده بودند، شروع به ذوب شدن و آزاد کردن گازهای گلخانه ای کرده اند، که وضعیت گرم شدن زمین را وخیم تر ساخته است. و با این همه هنوز بدتر از این در پیش است. «هیچ کس در روی این سیاره از اثرات تغییرات آب و هوائی در امان نخواهد بود.»[127]

با وجود این واقعیت ها، برای سالها بیشتر بحث های عمومی که در باره ی تغییرات آب و هوائی صورت می گرفت، به جای تمرکزروی واقعیاتی که دانشمندان عرضه می کردند، روی پاسخ دادن به شک و تردیدهای کسانی تمرکز یافته بود که میگفتند تغییرات آب و هوائی واقعا" رخ نمی دهند، و یا این که علت آنها واقعا" فعالیت های انسانی نیست. گروهها و سازمان های سیاسی ای که دستورکارهای سیاسی خودشان را داشتند، در این بحث ها اعمال نفوذ می کردند. دانشمندانی که حقایق و داده ها را قانع کننده تر از فکر و گمان می دانند، ناامید می شدند وقتی می دیدند این گروهها و سازمان های سیاسی این تصور باطل را القا می کنند که تغییر آب و هوا واقعیت ندارد، یا این که مسئله ای است مربوط به آینده ای دور که در حال حاضر لازم نیست درباره ی آن نگران شویم، و یا این که حاصل وقایعی می باشد که خارج از اختیار انسان است، مانند تغییرات طبیعی در برون ده کلی خورشید و یا تغییر مدار زمین. فقط در این اواخر بوده و در مواجهه با برخی از شواهد غیر قابل انکار دالّ براین که تغییرات آب و هوائی واقعی، و نتیجه ی فعالیت های انسانی، و دارای عواقب وخیمی هستند، که رسانه ها، عموم مردم، و رهبران جهان، بالاخره شروع به تشخیص این نکته کرده اند که لازم است

کاری صورت بگیرد، و بالاتر از آن این که ما نیاز به « یک راه حل جهانی» داریم.[128] **هیئت کارشناسی** در آخرین گزارش خود هشدار می دهد که وقتی خیلی نمانده برای تثبیت آب و هوا و جلوگیری از بروز عواقب فاجعه آمیز تغییرات آن، و ما باید در 15 سال آینده تلاش زیادی برای رسیدن به این هدف بکنیم.[129]

اوج گیری تقاضا برای انرژی

چالش گرم شدن زمین به علت وجود یک چالش جداگانه ولی به شدت مرتبط زمان ما، پیچیده تر شده است. همین طور که جمعیت جهان افزایش می یابد و اقتصادها شکوفا می گردد، تقاضای ما برای انرژی هم افزایش می یابد. کارشناسان گزارش می دهند که برای حفظ آن نوع رشد اقتصادی در جهان که امروزه شاهد آن هستیم، لازم است که تا سال 2050 منابع انرژی دو برابر، و منابع الکتریسیته سه برابر، گردند. [130] **آژانس بین المللی انرژی** در آخرین گزارش خود پیش بینی می کند که تقاضا برای انرژی اولیه در سال 2040 به میزان 37 درصد بالا خواهد رفت و فشار شدیدی را به نظام انرژی جهانی وارد خواهد کرد.[131] از یک سو، کشورهای توسعه یافته برای تحریک و نمو اقتصاد، و تغذیه ی صنایع و حمل و نقل خود، و تأمین برق برای مصرف کنندگان، به شدت به منابع انرژی و الکتریسیته متکی هستند، و باید به انرژی کافی وارزان دسترسی داشته باشند. از سوی دیگر کشورهای در حال توسعه می کوشند تا از نظر اقتصادی به کشورهای توسعه یافته برسند، مسئله ای که با توجه به این که رابطه ی شدیدی بین مقدار مصرف سرانه ی الکتریسیته و شاخص پیشرفت انسانی سازمان ملل (HDI) وجود دارد، کاملا قابل درک است. [132] درواقع معلوم شده است که رشد اقتصادی برای مبارزه با فقر جهانی حیاتی است، و دستیابی به رشد اقتصادی، به نوبه ی خود، مستلزم دسترس به منابع کافی و قابل اتکای انرژی است. [133] اما واقعیت آن است که کشورهای درحال توسعه، از نظر دسترسی به انرژی، عقب هستند: حدود 1.3 میلیارد نفر در کشورهای درحال توسعه به الکتریسیته دسترسی ندارند، و حدود 2.8 تا 3 میلیارد نفر هنوز برای آشپزی و تأمین نیازخود به انرژی به چوب، کاه، و یا کود، متکی هستند. بیشتر این مردم (حدود 80 درصد) در مناطق روستائی و عمدتا" در مناطق نیمه صحرائی آفریقا و جنوب آسیا زندگی می کنند. [134] زندگی که آنها تحمل می کنند، زمینه را برای خشم و نومیدی ونبرد، فراهم می سازد. در عین حال 60 درصد از انرژی فقط توسط 20 درصد از مردم جهان مصرف می شود.

اما مسئله ی مهم تر آن است که این نیاز به انرژی چگونه رفع می شود. پاسخ این است که بیشتر این انرژی (تخمین زده شده که 80 درصد) با سوزاندن سوختهای فسیلی، یعنی ذغال و نفت و گاز، فراهم می شود. **آژانس بین المللی انرژی** در سال 2014 گزارش داد که حتی با وجود رشد در منابع انرژی کم کربن،« تا سال 2040 معجون انرژی مصرفی جهان از چهار قسمت نسبتا" مساوی تشکیل خواهد شد: نفت، گاز، ذغال و منابع کم کربن». این به آن معناست که با وجود این که می دانیم باید سوزاندن سوختهای فسیلی را به شدت کاهش دهیم تا بتوانیم افزایش دما را به دو درجه ی سانتیگراد محدود نمائیم (این حدی است که **هیئت کارشناسی** برای احتراز از زیان آورترین پیامدهای تغییرات آب و هوائی تعیین کرده)، اما با توجه به سرعت پیشروی که داریم، در سال 2040 هنوز برای حدود 75 درصد از انرژی های مورد نیاز خود، به سوخت های فسیلی متکی خواهیم بود.[135]

در گذشته ای نه چندان دور، این هراس وجود داشت که منابع نفت و گاز تمام شود. این هراس همراه با قیمت های بالای نفت انگیزه ی شدیدی را برای سرمایه گزاری در نوآوری های فنی، و اکتشاف نفت، به وجود آورد. این نیز به نوبه ی خود منجر به کشف و بهره برداری از مقادیر عظیمی از منابع جدید، از جمله نفت و گاز، در بستر اقیانوسها، مناطق قطبی و سنگ رستها گردید. حالا کارشناسان انرژی پیش بینی می کنند که برای تأمین نیازهای جهان به انرژی «تا آنجا که می توان دید» بیشتر از آنچه لازم است نفت و گاز موجود است.[136] با توجه به خطراتی که بشریت، درصورت عدم جلوگیری از گرم شدن زمین با آن رو به روست، این موضوع جای خوشحالی ندارد : ما به هیچ وجه نمی توانیم چنین بخش بزرگی از انرژی مصرفی جهان را از سوخت های فسیلی تأمین کنیم.[137] با این وجود، استفاده از سوخت های فسیلی در حال افزایش است.

ذغال آلوده ترین سوخت در میان سوختهای فسیلی است، اما در کشورهای در حال توسعه، مصرف بسیار زیادی دارد. منبع عمده ی سوخت برای بیش از دومیلیارد نفر در هند و چین، پرجمعیت ترین کشورهای جهان، که رشد اقتصادی سریع و گسترده ی هم دارند، ذغال است، و این کشورها درمقابل کنارگذاشتن آن مقاومت می کنند، زیرا منابع تجدید پذیر انرژی هنوز آنقدر تکامل نیافته اند که بتوانند جایگزین کاملی برای سوخت های فسیلی باشند. برای مثال، از سال 2011 درحالی که ذغال 69 درصد از نیاز چین را به انرژی تأمین می کرد، نفت و گاز با هم 22 درصد، و منابع تجدید پذیر درصد بسیار کمتری را تأمین می کردند، یعنی انرژی هیدروالکتریک 6 درصد، انرژی اتمی 1 درصد، و سایر انرژی های تجدید

پذیر هم 1 درصد. هرچند دولت چین تصمیم دارد که تا سال 2020 میزان مصرف سوخت های غیر فسیلی را به 15 درصد کل انرژی مصرفی افزایش دهد، و هرچند پیش بینی می شود که اتکای این کشور به ذغال تا سال 2040 به 55 درصد کاهش یابد، اما در واقع پیش بینی می شود که میزان مطلق مصرف ذغال بیش از 50 درصد افزایش یابد. این امر افزایش عظیم نیازهای این کشور را به انرژی نشان می دهد. [138] واقعیت ناخوشایندی که در این ارقام منعکس شده، نشان می دهد که چرا، بنا به گزارشات، قائم مقام نماینده ی چین در **سازمان ملل** در بحثی در **شورای امنیت** گفته که اقتصاد کشورش درحال رشد سریع است، و هنوز به شدت به ذغال و سایر سوخت های فسیلی، که بنا به گفته ی دانشمندان از عوامل تغییرات آب و هوائی هستند، متکی است. [139]

وقتی به این نکته توجه کنیم که کشورهای در حال توسعه یک پنجم انرژیی که کشورهای توسعه یافته انرژی مصرف می کنند، استفاده میکنند، روشن می شود که این مسئله که این کشورها چگونه نیاز خود به الکتریسیته را تأمین نمایند، ازاهمیت فوق العاده ای برای سرنوشت جهان برخورداراست. پیدا کردن جایگزین های پاک تر انرژی برای آنها باید بخش بزرگی از راه حل باشد.

اما مسئله ای که از آن هم اهمیت بیشتری دارد این است که استفاده از ذغال و از جمله لیگنیت یا «ذغال قهوه ای» که ذغال نامرغوب و آلوده تری محسوب می شود، حتی در اروپای آگاه به مسائل محیط زیست، نیز در حال افزایش است. طنز اینجاست که اروپا اهداف بلندپروازانه ای دارد برای آن که تا سال 2020 میزان انتشار کربن خود را به 80 درصد سطح آن در سال 1990 برساند، اما همچنان به شدت به ذغال سنگ به عنوان منبع کلیدی انرژی اش متکی است، و حتی بر اتکای خود افزوده است چنانچه ساخت 69 نیروگاه ذغالی تازه را در برنامه های خود قرار داده است. علت این امر آن است که ذغال ارزان تر از سایر منابع انرژی است. حتی ذغال سنگ وارداتی ارزان تر از گاز شده، زیرا ایالات متحده که به طور فزاینده ای از اتکای خود به ذغال سنگ کاسته، و به گازی که از «فرکینگ» [fracking] ذخائر سنگ رست به دست می آورد، رو آورده است، حال موجودی اضافی ذغال خود را به اروپا صادر می کند. این درحالی است که درمقایسه با ایالات متحده، هم توانائی اروپا برای استخراج گاز از ذخائر شیستی هنوز نوپا و بسیار ابتدائی است، و هم به علت نداشتن زیرساخت های لازم که ایجادش سالها طول می کشد، اروپا نمی تواند مقادیر زیادی گاز طبیعی مایع (LNG) وارد کند. گزینه ی دیگر اروپا برای به دست آوردن گاز طبیعی، وارد

کردن آن از طریق خطوط لوله از روسیه است، اما این هم با توجه به گرایش ثابت شده ی روسیه به استفاده از گاز طبیعی به عنوان سلاحی برای وادار کردن مشتریانش به حمایت از مقاصد سیاسی خود، گزینه ی مطلوبی به شمار نمی آید.[140]

توسعه ی فن آوریهای مربوط به استخراج گاز طبیعی با استفاده از روش شکافتن هیدرولیکی (مشهور به «فرکینگ»)، که گازهای طبیعی غیرقابل دستیابی و محبوس در حوزه های شیستی زیرزمینی را به منابع عظیمی از گاز طبیعی تبدیل می کند، چیزی نیست که به مبارزه برای متوقف کردن تغییرات آب و هوائی کمکی بکند. مشکل این جاست که گاز طبیعی، با این که تمیزتر از نفت و ذغال می سوزد، اما یک سوخت فسیلی است که مقادیر زیادی دی اکسید کربن که از عوامل تغییرات آب و هوائی است را در هوا آزاد می کند. [141] متأسفانه فراوانی نفت و گاز به این معناست که هم کشورهای توسعه یافته و هم کشورهای در حال توسعه انگیزه ی کمتری برای یافتن منابع جایگزین پاک برای انرژی دارند. درواقع مجله ی *اکونومیست* پیش بینی می کند که نیروگاههای گازی « به احتمال زیاد بیشتر جایگزین پانل های خورشیدی، توربین های بادی و نیروگاههای اتمی شوند» تا نیروگاههای ذغالی. [142] بنابراین کشورها در تلاش خود برای زنده نگه داشتن و رو به رشد اقتصادهای خود، احتمالا"وضعیت گرم شدن زمین را وخیم تر خواهند کرد.

یک پیچ و تاب طنزآمیز دیگر آن است که با حرکت ایالات متحده به سوی «فرکینگ»، و ازدیاد اتکای این کشور به گاز طبیعی، وی درحال حاضر ذغال و بخشی از گاز طبیعی خود را به اروپا و سایر کشورها صادر می کند، و با این کار میزان انتشار کربن آلاینده را در نقاط دیگر جهان بالا می برد. [143] طرفداران حفظ محیط زیست نگران آن هستند که این امر جهان را وارد یک مسیر خطرناک خواهد کرد، و جلوگیری از گرم شدن زمین و عواقب ویرانگر آن را غیرممکن خواهد ساخت. [144]

منبع تازه ی دیگر انرژی که کشورهائی نظیر ژاپن را به هیجان آورده، به «یخ قابل اشتعال» شهرت یافته است. این منبع انرژی در اصل گازی است که دور از ساحل، و از هیدرات متانی که در ذخائر زیردریائی واقع شده، استخراج می شود. این گاز قبلا" از ذخائر ساحلی استخراج می شد، اما استخراج آن از ذخائر زیردریائی امری است که اخیرا" برای اولین بار در آبهای دور از ساحل ژاپن به نمایش گذاشته شده، کشوری که هم منابع انرژی چندانی ندارد، و که اخیرا به نحو چشمگیری اتکایش را به نیروی اتمی کاهش داده است. متأسفانه هنوز درک چندانی

از اثرات بلند مدت متان به عنوان یک گاز گلخانه ای، وجود ندارد.[145] بنابراین باید با آن با احتیاط برخورد کرد مبادا بحران گرم شدن زمین را، که الآن به مرحله ی خطرناکی رسیده، تشدید بکند.

چیزی که به مشکل استفاده ی ناپایدار از سوخت های فسیلی اضافه می کند، واکنش برخی از کشورها به فاجعه ی نیروگاه اتمی در فوکوشیمای ژاپن است. آلمان تصمیم گرفته است که از اتکای خود به انرژی اتمی بکاهد و تا سال 2022 خود را از دست آن خلاص کند. متأسفانه از آنجائی که منابع انرژی پاک، مانند باد و خورشید هنوز فاصله ی زیادی تا جایگزینی نیروی عظیم هسته ای دارند، آلمان دارد به سوی سوخت های فسیلی آلاینده باز می گردد. این کشور برای جبران کاهش تولید الکتریسیته، از ذغال کثیف، لیگنیت قهوه ای، و ذغال سیاه، استفاده می کند، در نتیجه بر استخراج معدن لیگنیت می افزاید، و نیروگاههای ذغالی تازه ای را افتتاح می کند.[146] آلمان به گاز طبیعی نیز روی آورده است. آن طور که صدراعظم مرکل توضیح داده است: « در دوره ی انتقالی بین خارج شدن از انرژی اتمی و ورود به انرژی های تجدید پذی،ر به نیروگاههای سوخت فسیلی احتیاج داریم.»[147]

ژاپن نیز تصمیم گرفت که از 54 نیروگاه اتمی خود 39 نیروگاه را که 30 درصد از الکتریسیته ی مورد نیاز این کشور را تأمین می کردند، تعطیل کند. برای جبران این الکتریسیته ی از دست رفته، دهها نیروگاه فسیلی را به کمک ذغال، نفت، و گاز طبیعی وارداتی، به ارزش میلیاردها دلار، به کار انداخت. با توجه به این که ژاپن بعد از چین و ایالات متحده سومین مصرف کننده ی الکتریسیته در جهان است، پیامدهائی که این کار از نظر گرم شدن زمین دارد، عظیم است.[148] در پرتو تصمیماتی که کشورهای ژاپن و آلمان و برخی کشورهای دیگر پس از حادثه ی فوکوشیما در مورد کاهش اتکای خود به انرژی اتمی گرفتند، **آژانس بین المللی انرژی اتمی،** که عرصه ی بین المللی اصلی برای همکاری های علمی و فنی در مسائل هسته ای به شمار می رود، در پیش بینی های خود در مورد رشد انرژی هسته ای به عنوان منبع جایگزینی برای سوخت های فسیلی، تجدید نظر کرد. از واقعه ی فوکوشیما به بعد، این آژانس به طور مداوم «رشد پائین تری را برای انرژی هسته ای» و تقاضای بیشتری را برای گاز طبیعی، دست کم تا سال 2030 پیش بینی کرده است.[149] این تغییر نه تنها به علت بدتر کردن اوضاع گرم شدن زمین پیامدهای زیان آوری دارد، بلکه مفسران همچنین هشدار داده اند که وابستگی

روز افزون به منابع گاز روسیه بر تسلط این کشور بر اروپای غربی، خواهد افزود.

عواقب این مصلحت طلبی ها، یعنی اتکا به راه حل های کوتاه مدتی که روی منافع محدود ملی تمرکز دارند، گریبان همه ی ما را خواهد گرفت، زیرا این گونه اعمال تنها کاری که می کند این است که اوضاع گرم شدن زمین به همراه همه ی پیامدهای وحشتناکی که برای بشریت به عنوان یک کل در بردارد، وخیمتر میکند. در عوض، باید رهبران ملت ها را تشویق کرد که گرد هم آیند، و به طور جمعی به جستجوی راههائی بپردازند که دسترسی عادلانه و برابر همه ی کشورها به انرژی لازم برای حفظ رشد اقتصادی آنها را تضمین میکند، و درعین حال تضمین میکند که این راه حل ها از نظر زیست محیطی پایدارند، و مشکلات تغییرات آب و هوائی را بدتر نمیکنند. این تصمیم گیری و عمل جمعی به بهترین وجه و به نحوی مداوم و منظم انجام میتوان شد، اگر از طریق بنای زیر ساخت های یک دولت فدرال جهانی در امتداد خطوطی که دراین کتاب مطرح شد، صورت گیرد.

نظام کنونی انرژی ناپایدار است

روشن است که نظام کنونی که در سراسر جهان برای تأمین انرژی مورد نیاز خود به آن متکی هستیم، نظام ناپایداری است، چرا که اتکای مفرط به سوزاندن سوخت های فسیلی، جهان ما را به سوی یک فاجعه ی زیست محیطی می راند. همان طور که **آژانس بین المللی انرژی** به نحو شایسته ای مطرح کرده : «روال انرژی-سیاسی ما به بهای گزافی تمام می شود، چرا که به محیط زیست آسیب می رساند و امنیت جهان را به خطر می اندازد.»[150] اما ناپایداری نظام انرژی ما فقط به علت اتکای بیش ازحدش به سوخت های فسیلی نیست. سیستم فعلی تولید و توزیع انرژی ما از جنبه های مختلف شکسته و درست کار نمی کند. در نتیجه بذر مشکلات گسترده ای را افشانده است، که همه با هم تارو پود اجتماعی، اخلاقی و اقتصادی جامعه ی کشورها را فرسوده اند، و در نهایت صلح و امنیت را به تحلیل برده اند. در اینجا برخی از این مشکلات و اثرات آنها را بررسی کنیم.

مصلحت طلبی و چشم پوشی از رفتارهای زیان آور

همه ی کشورها، چه اقتصادهایشان قبلا" توسعه یافته باشد، مانند ایالات متحده و کشورهای اروپائی، و چه در حال توسعه باشد مانند چین و هند، نگران آن هستند

78

که مبادا انرژی موردنیازشان تأمین نشود. به نظر می رسد که این نگرانی به ویژه در کشورهای درحال توسعه شدید است، که نیازهایشان به انرژی به سرعت در حال اوج گیری است. نتیجه یورش دیوانه وار به سوی مهر و موم کردن منابع نفت و گاز داخلی (که اغلب به آن «ملی گرائی منابع» گفته می شود)، و تلاش برای بستن قرار داد بوده است، به هربهائی که شده، با کشورهائی که از نظر منابع انرژی ثروتمند به شمار می آیند. این بهاء متاسفانه شامل نادیده گرفتن قساوت هائی که این کشورها به آن مرتکب می شوند، نیز بوده است. ما این را برای مثال در مورد چین دیدیم، که پس از آن که همراه با چند کشور دیگر، اجازه یافت برای دستیابی به نفت، در سودان حفاری کند، حاضر نشد برای اعمال مجازات برعلیه سودان به اکثریت کشورهای دیگر بپیوندد، درحالی که اسناد بسیاری در مورد نقض فاحش حقوق بشر به دست سودان در منطقه ی دارفور، که بسیاری آن را نسل کشی می دانستند، وجود داشت. [151]

با وجود بحران چند ملیتی که در مورد برنامه ی اتمی ایران وجود دارد، و نقض مداوم حقوق بشر از سوی این کشور، هم هند و هم چین به علت آن که ایران تولید کننده ی نفت و گاز طبیعی است، به شدت چاپلوسی این کشور را می کنند. در واقع ایران بعد از عربستان سعودی دومین تأمین کننده ی نفت خام هند است. گفته می شود واردات هند از ایران سالانه بالغ بر 12 میلیارد دلار می شود، که 13 درصد از کل واردات نفت خام این کشور را تشکیل می هد. [152] در سال 2011 به نظر رسید که هند، با عقب زدن روش پرداخت تحمیلی ایران، می کوشد پیام تندی را درباره ی فعالیت های اتمی ایران به این کشور بفرستد. با این که هند نگران بود چین قدم به میان بگذارد و نفتی را که ایران با کشتی برای هند می فرستاد، بخرد، ودر نتیجه هند مجبور بشود جایگزین های گران قیمت تری پیدا کند، اما بازهم این کار را انجام داد. [153] با این حال، تلاش برای دستیابی به انرژی هنوز شدید است : هند و ایران مذاکرات خود را برای ایجاد یک خط لوله ی استراتژیک بین دو کشور از سرگرفته اند. آخرین باری که دو کشور در این باب مذاکره کرده بودند، گذراندن یک خط لوله از خاک پاکستان را در نظر داشتند، اما این بار به جای آن صحبت از ایجاد خطوط لوله در اعماق دریای عمان است. با توجه به گامهای عظیمی که در فن آوری های مربوط به ایجاد چنین خطوط لوله ای برداشته شده، تخمین زده می شود که ساخت این خط لوله در ظرف فقط سه تا چهار سال، به اتمام برسد. تنها مانع باقیمانده آن است که ایران با غرب به یک توافق هسته ای برسد، تا تحریم هائی که برعلیه این کشور اعمال می شود، برداشته شود. [154] در این حین، در پائیز سال 2004 پکن یک قرار داد 70 میلیارد دلاری برای خرید گاز طبیعی مایع

و نفت خام، با ایران بست.[155] یک قرار داد 3.2 میلیارد دلاری هم درسال 2009 برای خرید گاز طبیعی امضا کرد.[156] چین همچنین مشتاق بود که برای به دست آوردن نفت و گاز روسیه قرار دادی با این کشور ببندد. تلاشهای این کشور در ماه می 2014 با بستن یک قرار داد 440 میلیارد دلاری گاز بین دو کشور، به موفقیت رسید. تحت این قرارداد روسیه قرار است به مدت سی سال از طریق خطوط لوله به چین شرقی گاز برساند. چین درنوامبر همان سال یک قرار داد دیگر به ارزش حدودا" 284 میلیارد دلار به امضا رساند که طبق آن روسیه متعهد شد از طریق خطوط لوله به چین غربی هم گازرسانی نماید.[157]

به کارگیری نفت به عنوان یک سلاح :فرهنگ مصونیت

کشورهائی که از نظر نفت و گاز غنی هستند متأسفانه در موقعیتی قرار دارند که می توانند از منابع انرژی خود به عنوان سلاحی برعلیه کشورهائی که نیازمند به آنها هستند، استفاده کنند، و آنها را وادار نمایند که یا از این کشورها اطاعت کنند، و یا از دسترسی نداشتن به این منابع، و یا ازپرداخت قیمت های بسیاربالاتر، دچار ضرر و زیان گردند. برای مثال ایران در اواخر سال 2010 و اوائل سال 2011 در گذرگاههای مهم مرزی بین ایران و افغانستان، میزان آمد وشد تانکرهای نفتی را پائین آورد. ظاهرا" نگرانی ایران از رسیدن سوخت به دست نیروهای ناتو بود، اما مقامات افغانی اطمینان می دادند که سوخت حمل شده فقط برای مصارف غیرنظامی است، و نه برای استفاده ی نیروهای ناتو در افغانستان. این حرکت ایران باعث افزایش شدید قیمت سوخت تصفیه شده در بخش هائی از افغانستان شد، به طوری که قیمت سوخت در برخی از شهرستانها تا 50 درصد بالا رفت، و به نوبه ی خود قیمت کالاهای اساسی، مانند خوراک و نفت گرمایشی را افزایش داد. پائین آوردن میزان آمد و شد در جنوب پاکستان به کشاورزانی که برای آبیاری به پمپ های دیزلی متکی بودند، ضرر زد، و باعث شد که برخی از پمپ های بنزین در بزرگراههای اصلی تعطیل شوند.[158]

اشتیاق بسیاری از کشورها برای دستیابی به ذخائر نفت و بنزین باعث شده که برخی از کشورهائی که از نظر منابع انرژی غنی هستند، فشار سیاسی نابجائی را بر آنها وارد کنند، و پستی را به دادن رشوه و تهدید و ارعاب بکشانند. چنین سوء استفاده هائی در برخی از کشورهائی که از نظر نفت و گاز غنی هستند، فرهنگ مصونیت و در مقابل، در کشورهای وابسته به آنان فرهنگ مصلحت طلبی، به

وجود آورده است. در نتیجه این گروه دوم گه گاه سازش با این تهدیدات را به سود آنچه منافع محدود و کوتاه مدت خود تصور می کنند، دانسته اند.

برخی از بهترین مثال های چنین سوء استفاده هائی را می توان در رفتار های روسیه با کشورهای پیرامون خود، که قبلا" عضو اتحاد جماهیر شوروی بوده اند، دید. این کشورها هنوز شدیدا" وابسته به واردات نفت و گاز طبیعی از روسیه هستند، و عین حال می خواهند به کشورهای اروپای غربی و اقتصادهای پویاتر آنها نزدیک شوند. مثلا" در اوائل سال 2006 روسیه تهدید کرد که اگر اوکراین با افزایش قیمت بالای مورد درخواست شرکت دولتی و انحصاری گازپوم [Gazprom] موافقت نکند، صادرات گاز طبیعی را به این کشور قطع خواهد کرد. روسیه این تهدید را عملی کرد. برخی از ناظران معتقد بودند که روسیه از قدرت و از دارائی گاز طبیعی خود استفاده کرده تا اوکراین را برای این که از حوزه ی کنترل کرملین خارج، و به **اتحادیه ی اروپا** و ناتو نزدیک شده، تنبیه نماید.[159] قطع گاز سه روز طول کشید و نگرانی هائی را درباره ی تأمین گاز طبیعی درکشورهای اروپای مرکزی و غربی ایجاد کرد، که از طریق خطوط لوله ی اوکراین گاز دریافت می کنند. این نوع سوء رفتار در سال 2014 و پس از شورشی که در آن مردم اوکراین رئیس جمهور یانکوویچ[Yanukovich] را به علت روی کردن به روسیه، و اجتناب از ارتباط نزدیک تر با **اتحادیه ی اروپا**، برکنار کردند، دوباره تکرار شد. روسیه علاوه برحمله به کریمه، و ضمیمه کردن آن، و حمایت از جنبش جدائی طلبانه در اوکراین شرقی، با افزایش قیمت گازی که به اوکراین صادر می کرد، بار دیگر این کشور را تحت فشار اقتصادی قرار داد.[160] وزیر امور خارجه آمریکا، جان کری[John Kerry] ، با ادای این سخنان واکنش نشان داد: «هیچ کشوری نباید از انرژی برای سد کردن آرمان های یک ملت استفاده کند.» وی اضافه کرد «از انرژی نباید به عنوان یک سلاح استفاده شود. این به نفع همه ی ماست که بتوانیم به منابع انرژی کافی که برای اقتصاد ما، امنیت ما و سعادت و رفاه مردم ما حیاتی است، دسترسی داشته باشیم.»[161]

در پایان سال 2006 روسیه به همین ترتیب بیلاروس را تهدید کرد، و از این کشور خواست که بابت گاز طبیعی، بهائی معادل دو برابر آنچه تا آن موقع پرداخت می کرد، بپردازد.[162] گاز طبیعی که به بیلاروس می رفت برای مدتی کوتاه قطع شد. بیلاروس آخرش با قرار دادی که قیمت گاز طبیعی را بالا برد موافقت کرد، اما چندی نگذشت که روسیه نفت خامی را که از طریق بیلاروس به اروپا می رفت، قطع کرد. این قطعی درعرضه نفتی که برای آلمان، لهستان، اسلواکی و

اوکراین می رفت، اثر گذاشت، و بار دیگر در مورد قابلیت اطمینان به انرژی که از روسیه وارد می شد، نگرانی هائی را در اروپا ایجاد کرد.[163]

برخی از ناظران زیرک، اظهار نظر کرده اند که تاکتیک های انرژی روسیه این کشور را «نسبت به انتقادی که زمانی ممکن بود رفتارش را تعدیل کند، نفوذ ناپذیر کرده است.»[164]

کشورهای دیگر در تهدیدهای خود در مورد قطع صدور انرژی درصورت عدم تغییر سیاست های مشتریان، ازاین هم صریح تر بوده اند. طبق گزارشات، در سال 2005 رئیس جمهور ایران به این سخن که برنامه ی اتمی ایران باید به **شورای امنیت** سازمان ملل ارجاع داده شود، زیرا تهدیدی نسبت به صلح جهانی به شمار می رود، با این تهدید پاسخ داد : « اگر پرونده ایران به **شورای امنیت** فرستاده شود، به طرق مختلف پاسخ خواهیم داد، مثلا" با قطع فروش نفت.»[165] به همین نحو، وزیر نفت ونزوئلا در اوائل سال 2006 گفت که این کشور ممکن است صادرات نفت خود را به ایالات متحده، که در آن زمان 10 درصد از نفت موردنیاز خود را از ونزوئلا تأمین می کرد، قطع کند.[166]

قطع انرژی ناشی از بی ثباتی سیاسی

این خطر که تدارکات نفت به علت بی ثباتی و شورش های سیاسی در مناطق تولید کننده نفت قطع شود، دائما" مایه ی نگرانی است. در سال 2011 کارشناسان نگران کمبود نفتی بودند که به علت جنگ داخلی لیبی به بازار جهانی نمی رسید، و روزانه به 1.3 میلیون بشکه بالغ می شد. نا آرامی در یمن و سوریه باعث شد که روزانه 300 هزار بشکه دیگر هم وارد بازار نشود. آشوب سیاسی در یمن این هراس را ایجاد کرد که تروریست ها در آن کشور حکومت مطلق را به دست بگیرند، و تسهیلات نفتی را در کشور همسایه، عربستان سعودی، به خطر اندازند. نا آرامی درکشورهائی مثل عربستان سعودی، یا الجزیره، که از تولید کنندگان عمده ی نفت به شمار می آیند، منجر به جهش شدیدی در قیمت ها می شود. نگرانی دیگر آن است که فروپاشی نظم در یمن باعث شود که دزدان دریائی از این کشور به عنوان پایگاهی برای به خطر انداختن مسیر کشتیرانی باب المندب، که روزانه 3.7 میلیون بشکه نفت از آن عبور می کند، استفاده کنند.[167]

وقتی ناآرامی های سیاسی عرضه ی نفت را تهدید می کند، جهان به کارتل اوپک و سایر کشورهای تولید کننده ی نفت، مثل روسیه، رو می کند، تا قدم به میدان بگذارند و با تولید نفت بیشتر این کمبود را جبران کنند، و فشار را از روی اقتصاد جهان بردارند. اما همیشه این خطر هست که کشورهای تولید کننده ی نفت ترجیح دهند از تولید اضافه امتناع کنند، و قیمت ها را بالا ببرند، عملی که دست کم در کوتاه مدت به سود ایشان است. این واقعیت که جهان اسیر هوی و هوس معدود کشورهائی است که از نظر منابع انرژی غنی هستند، منشاء دیگری برای اضطراب دائمی است، و منعکس کننده ی نظام ناعادلانه ای است که درحال حاضر برای توزیع منابع حیاتی انرژی داریم.

منشائی برای اختلاف

اشتیاق به دستیابی و کنترل منابع نفت خام و گاز، یکی از علل اصلی درگیری های مرزی و سایر کشمکش های بین المللی، و همچنین جنگ های داخلی کشورهاست. به همان میزان که رقابت بر سر به دست آوردن نفت خام و گاز شدت می گیرد، برخطر جنگ نیز افزوده می گردد. [168] تاریخ پر از نمونه ی جنگهائی است که انگیزه اش به دست آوردن منابع نفت خام و گاز بوده است : نیاز ژاپن به دستیابی به نفت خام بود که باعث حمله ی سرنوشت ساز این کشور به پرل هاربر گردید.[Pearl Harbor] آرزوی به دست آوردن کنترل نفت خام خاورمیانه یکی از عواملی بود که باعث شد شوروی در سال 1979 به افغانستان حمله کند. انگیزه ی مشابهی باعث حمله ی صدام حسین و ضمیمه سازی کویت, در سال 1990 شد. [169] نیجریه و کامرون بیش از یک دهه بر سر شبه جزیره ی باکاسی[Bakassi] در خلیج گینه جنگیدند, تا آن که با میانجیگری سازمان ملل متحد قرار دادی تنظیم شد، و نیجریه مجبور شد در سال 2006 نیروهایش را بیرون بکشد. [170] در نیجریه، که عظیم ترین ذخائر به اثبات رسیده ی نفت را درنیمه صحرائی آفریقا در اختیار دارد، اختلاف بر سرنفت سالهاست که باعث جنگ و خونریزی داخلی است. [171] گروههای مقاومت و جنگ طلب که در منطقه ی دلتای نیجر این کشور برسر عایدات نفت با یک دیگر، و با دولت فدرال می جنگیدن، تحت عنوان نهضت آزادی دلتای نیجر گرد هم آمدند، امری که منجر به کشتار و آوارگی یکسان ده ها هزار نفر از روستائیان، و کاهش تولید نفت، گاهی تا 800 هزار بشکه در روز، شد. [172] این شورش از سال 2009 تا به حال در نتیجه ی یک برنامه ی عفو، که در آن دولت در ازای تسلیم کردن سلاح، مبلغی به جنگ

طلبان می پردازد، متوقف شده است. اما، متأسفانه کسی به علل ریشه ای این جنگ نپرداخته است : عللی مانند فقدان راههای کسب درآمد، مثلا از راه کشاورزی و ماهیگیری، به سبب آلودگی و نشت نفت، و فقدان پیشرفت اقتصادی اجتماعی، و نبود سهم بیشتری از عایدات نفت برای مردم محلی. این امر باعث نگرانی شده که خطر وقوع دوباره ی جنگ درسال 2015 به محض پایان یافتن دوره ی عفو، خیلی زیاد است.[173]

در سودان نفت عامل اصلی یک جنگ داخلی طولانی مدت بین جنوب نفت خیز، و شمال این کشوربود که تحت تسلط دولت قرار داشت . عایدی یک میلیون دلار روزانه ای که از صادرات نفت به دست می آمد، صرف خرید سلاح برای این جنگ داخلی می گردید، و بعد از حل این اختلاف، در منطقه ی دارفور، که به سبب منابع غنی و هنوز استخراج نشده ی نفت خود مشهوراست، صرف جنگ و نسل کشی شد. با این که جنگ داخلی بین شمال و جنوب در سال 2011 با ایجاد یک حکومت در سودان جنوبی به پایان رسید، بروز تضاد بر سر تقسیم عایدات نفت، همچنان ادامه داشته است. چالش در این واقعیت است که درحالی که سه چهارم ظرفیت تولید نفت در جنوب قرار دارد، این منطقه محصور در خشکی است، و پالایشگاه ندارد. بنابراین سودان جنوبی هم به پالایشگاهها و هم به خطوط لوله و بنادر سودان، برای دستیابی به بازارهای صادرات، متکی است.[174] یک اختلاف دائمی نیز در مورد مرز جدید بین سودان و سودان جنوبی وجود دارد، چون هریک از طرفین می کوشد تا سرزمین های نفت خیز بیشتری را در داخل مرزهای خود قرار دهد. این اختلاف منجر به جنگ و بمباران هوائی[175] شده، و به درستی به جای یک جنگ مرزی، به یک جنگ اقتصادی توصیف گشته است.[176]

جنگ به انگیزه ی دستیابی به نفت، به هیچ وجه منحصر به آفریقا نیست. همان طور که قبلا" در بحث تجاوز ارضی گفته شد، اشتیاق به تصاحب و دستیابی به نفت و گاز در آبهای ساحلی دریای چین شرقی، منجر به پیدایش یکی از شدیدترین بن بست ها در روابط بین چین و ژاپن گشته، که می تواند آتش جنگ را در آسیا شعله ور سازد.[177] اختلاف بر سر پنج جزیره ی ریز و غیر مسکون که درواقع یک دسته صخره است، که در میان ژاپنی ها به جزایر سنکاکو[Senkaku] و درمیان چینی ها به جزایر دیااویو[Diaoyu] مشهور است.[178] ژاپن و چین هر دو ادعای مالکیت برمنطقه ی نفت و گاز 700 کیلومتر مربعی چون زیائو/شیراکابا[Chunxiao/Shirakaba] را دارند، که در زیردریای چین شرقی

درآنچه به آبشخور اوکیناوا [Okinawa Trough] مشهور است، کشف شده است.[179] در بلوچستان پاکستان دولت ملی می کوشد که نفت و گاز و سایر ذخائر معدنی، و ازجمله مس را، در مقابل مخالفت مسلحانه ی قبائل محلی بلوچ، استخراج کند، قبائلی که خواهان اختیار بیشتری روی منابع طبیعی منطقه ی خود، و ازجمله داشتن سهم بیشتری از عایداتی که تولید می کنند، هستند.[180] در قفقاز، رشد و توسعه ی بخش نفت آذربایجان امکان یک جهش عظیم در بودجه ی دفاعی را فراهم کرده، که بر اساس گزارشات در سال 2013 یک میلیون دلاربیشتر از کل بودجه ی کشور همسایه، ارمنستان، بوده است، و بنابراین، طبق گفته ی **گروه بحران بین المللی**، حل اختلاف ناگورنو قراباغ[Nagorno-Karabakh] را با ارمنستان دشوارتر کرده است.[181] اختلاف برسر منابع طبیعی در برمه و استان پاپوای[Papua] اندونزی هم به کشمکش دامن زده است.[182]

در دریای چین جنوبی اختلافات دیگری از همین دست وجود دارد، ازجمله بر سراسکاربارا شول[Scarborough shoal]، که چین و کشورهائی نظیر ویتنام، فیلیپین، برونئی، مالزی و تایوان را درگیر کرده است. به سبب مخالفت چین با مذاکره ی جمعی درباره ی این اختلاف، و همچنین با داوری یک دادگاه بین المللی درباره ی ادعائی که در مورد مالکیت بیش از 80 درصد از دریای چین جنوبی مطرح کرده ، حل این مشکل عمدتا" با مانع رو به رو ست. چین در عوض روی مذاکرات دو طرفه با هرکدام از مدعیان اصرار دارد، کاری که به این کشور اختیار و قدرت بیشتری می دهد، زیرا سایر مدعیان وابستگی شدیدی به ارتباط اقتصادی با چین دارند.[183]

حتی قطب شمال هم از رقابت بر سر منابع در امان نمانده است. تا همین اواخر، این منابع در زیر لایه های قطور یخ محفوظ بودند، اما باگرم شدن زمین و ذوب شدن یخ دریا، سرزمین های غنی از هیدروکربن بی حفاظ مانده اند و به راحتی در دسترس هستند و می توان آنها را حفاری کرد، امری که باعث رقابت کمپانی های نفتی برای به دست آوردن حق اکتشاف شده است. در خلیج بافین[Baffin Bay] در ساحل غربی گرین لند، هم دانمارکی ها و هم کانادائی ها پرچم خود را برفراز جزیره ی غیر مسکون هانس[Hans Island] به اهتزاز در آورده اند، و روسیه و ایالات متحده نیز برای به دست آوردن حقوق در منطقه به رقابت پرداخته اند.[184] به علاوه، تخمین زده می شود که فقط فلات قاره ای که در شمال شرقی گرین لند قرار گرفته، منابع نفت و گازی مشابه با آنچه در شیب شمالی آلاسکا هست[Alaska's North Slope]، داشته باشد. همچنین تخمین زده می شود که

ذخائر زیر آبی نفت و گاز در قطب شمال، 25 درصد منابع دست نخورده ی جهان را تشکیل بدهد. کشورهای شمالی، و ازجمله ایالات متحده و روسیه، اشتیاق زیادی برای دستیابی به این منابع دارند. پیام های سیاسی ایالات متحده که در وب سایت ویکی لیکز[WikiLeaks] منتشر شد، نگرانی مقامات ایالات متحده را از این که در آینده تلاش برای دستیابی به این منابع منجر به مداخله ی نظامی گردد، نشان می دهد. مالکیت قطب شمالی نیز منشأ اختلاف گردیده است. روسیه و دانمارک برای دستیابی به ثروت این منطقه و ازجمله ذخائر گاز طبیعی آن[185]، ادعاهای مشابهی نسبت به منطقه ی وسیعی از بستر زیرین دریا در اطراف لبه لومونوسف[Lomonosov Ridge] کرده اند. این دعاوی باعث شده که کانادا هم ادعای خود را نسبت به این منطقه به ادعای سایرین بیفزاید. هر سه کشور می کوشند ثابت کنند که این لبه ادامه ی فلات قاره ی مربوط به آنهاست.[186]

یکی از مشکلات مبارزه بر سر منابع آن است که همین که جنگی یا برخوردی آغاز می شود، عایدات به دست آمده از بهره برداری این منابع، به پشتوانه ی مالی جنگ دو طرف بدل می گردد. با این حال، به علت دورنمای عایدات عظیمی که از این منابع نسیب طرف پیروز می شود، طرفین میلی به کنارگذاشتن جنگ ندارند. یک مثال عالی به جز جنگ داخلی در سودان، جنگ بین شورشیان یونیتا[UNITA] و دولت آنگولا بود. با وجود این که دو طرف درسالهای اولیه از حمایت بی دریغ ایالات متحده و اتحاد جماهیر شوروی برخوردار بودند، مبارزه ی آنها بعد از تمام شدن جنگ سرد هم تا مدتها ادامه داشت، زیرا الماس شورشیان را تأمین می کرد، و نفت خام دولت را.[187]

فقر و فساد

همان گونه که یکی از ناظران خاطر نشان ساخته است، یکی از اثرات زیانبار حرکت به سوی کنترل و بهره برداری از منابع طبیعی، از جمله منابع انرژی مانند نفت و ذغال، «ارتباط نزدیک بین بهره برداری از منابع طبیعی و شیوع رژیم های فاسد و ستمگر است.»[188] از این رو، پژوهش ها بارها و بارها نشان داده اند که کشورهائی که از نظر نفت خام ثروتمند به شمار می آیند، مامولا دچار دولت های دیکتاتوری یا دولاتهائی که نماینده ی مردم خود نیستند، میشوند.[189] کنترل داشتن جریان مداوم و هنگفتی از پول، به دیکتاتورها انگیزه می دهد که برای حفظ منفعت خود در قدرت بمانند. اغلب عایداتی که از استخراج و فروش منابع به دست می آید، محرمانه باقی می ماند، زیرا این اطلاعات یا منتشر نمی شوند یا به علت

ناکافی بودن اظهارات مالی، قابل درک نیستند. همین امر در مورد پرداخت هائی که برای استخراج چنین منابعی صورت می گیرد، شامل حق امتیاز، هزینه ها و مالیات ها، نیز مصداق دارد. بعلاوه، شرکت های نفت و گاز اغلب هویت سهامداران و شرکت های تابعه ی خود را مخفی، و با این کار پنهان نگه داشتن فساد به شکل رشوه و اختلاس را برای رهبران فاسد تسهیل می کنند. بنابراین تعجبی ندارد که اغلب کشورهائی که از نظر منابع غنی هستند، خانه ی فقیرترین مردم دنیایند: یک عده ی معدود، از منابع ملی آنها سود می برند، در حالی که نیازها و خواست های اولیه ی آنها ئی که دردام فقر گرفتار هستند، نادیده می گیرند. [190]

تجربه ی آنگولا بسیارآموزنده است. چند سال قبل، گزارش شد در حالی که براساس برآوردها 90 درصد از عایدات این کشور از نفت بود، اما دو سوم ازمردم آنگولا حتی به آب آشامیدنی تمیز هم دسترسی نداشتند، و این کشور یکی از فقیرترین کشورهای جهان به شمار می آمد. بعلاوه، بنا به گزارشات، سالانه از 3 تا 5 میلیارد دلار بودجه ی دولتی ، یک میلیارد دلار گم می شد. با این که اقتصاد دانان می گفتند این دولت بیشتر از آن که میتوانست خرج کند، پول داشت، به نظر می رسید که ترکیبی از فساد، ناتوانی، و عوارض جنگ داخلی، دست به دست هم داده بودند تا دولت به سختی میتوانست حتی به مسائل اساسی ای، نظیر عدم دسترسی به آب آشامیدنی پاک و مجاری فاضلاب تمیز، که باعث مرگ و بیماری بودند، بپردازد. [191] متأسفانه، با وجود تلاشهائی که برای اصلاح این وضعیت صورت گرفته، گزارشات اخیر می گویند که بهبود چندانی حاصل نشده است. بنا به گزارشات، حتی در سال 2012 فقط نیمی از جمعیت به آب سالم دسترسی داشته اند، و در مناطق روستائی این میزان فقط به 38 درصد می رسید. [192] با این که امروزه درآمد نفت 80 درصد از عایدات این کشور را تشکیل می دهد، اما فقط 40 درصد از جمعیت به الکتریسیته دسترسی دارند، و بقیه برای تأمین نیازهای خود به گرما و حرارت لازم برای آشپزی، به چوب، ذغال سنگ، کود و پسماند محصولات کشاورزی، متکی هستند. [193]

مثال دیگر کشور چاد است، که نفت در دهه ی 60 میلادی در آن کشف شد. درسال 2003 با کمک سرمایه گزاری بانک جهانی، نفت در خطوط لوله ی چاد و- کامرون جریان یافت. بانک جهانی به امید جلوگیری از پدیده ای که به «نفرین منابع» یا «تناقض وفور» شهرت یافته، (اشاره به این تناقض که کشورهائی که از نظرمنابع طبیعی، بخصوص منابع تجدید ناپذیری مانند نفت و گاز و مواد معدنی

غنی هستند، اغلب به علت سوء مدیریت عایدات و یا سرازیر شدن دارائی ها به جیب مقامات فاسد از نظر رشد و توسعه ی اقتصادی، از کشورهائی که منابع کمتری دارند، وضعشان بدتر است.) اصرار داشت که یک هیئت نظارت مستقل، بخش بزرگی از عایدات نفت را به منظور رفع فقر، تعلیم و تربیت، و توسعه ی اقتصادی، درحسابی برای نسل های آینده ی مردم چاد پس انداز کند. اما نفت تازه در لوله ها جریان پیدا کرده بود که ناگهان دولت چاد اعلام کرد قصد دارد بخش بیشتری از این پول را (با دور زدن هیئت نظارت)، به بودجه ی عمومی اختصاص دهد، ومخارج امنیتی خود را بیشتر کند. یک بررسی بین سازمانی که در شش ماه اول پروژه از سوی دولت ایالات متحده صورت گرفت، نشان داد که 60 درصد از 25 میلیون دلاری که شرکت اکسون موبیل[ExxonMobil] و شرکای آن به عنوان «انعام امضای قرارداد» به دولت چاد هدیه کرده بودند، قبلا" و «خارج از روش های مقرر بودجه» خرج شده است، یعنی همان روشهائی که بانک جهانی به عنوان شرط برای دادن وامی که دولت چاد برای ساختن خطوط لوله ی زیرمینی در طول کشور کامرون، و صدور نفت احتیاج داشت، و از بانک گرفت، تعیین کرده بود. این بررسی همچنین به این نتیجه رسید که «حکومت چاد در حال تضعیف است، اختلافات داخلی و خطر قحطی رو به افزایش است و به نظر می رسد که انتخابات مجلس به تعویق افتاده است.»[194] هشت سال پس از آنکه بانک جهانی با سرمایه گزاری در خطوط لوله ی نفت موافقت کرد، این ابتکار با شکست به پایان رسید: در سپتامبر 2008، چاد بدون این که از عایدات نفت برای رفع فقر و ازبین بردن گرفتاری اقتصادی مردم کاری کرده باشد، وام خود را به بانک جهانی پرداخت کرد.[195]

فساد به هیچ وجه منحصر به آفریقا نیست. برای مثال اکوادور هرچند از نظر نفت ثروتمند است، در زمره ی یکی از فاسدترین کشورهاست و در شاخص فساد سال 2013 **سازمان شفافیت بین المللی**، درمیان 177 کشور در رتبه ی 102 قرار گرفته است.[196] بنا به گزارشات، تلاشهای اخیر برای ریشه کن سازی فساد در قزاقستان، که میلیاردها دلار در آمد نفتی دارد، از سطح فراتر نرفته است.[197] در واقع، گفته می شود که اکنون فساد در قزاقستان فقط یک مشکل نیست، بلکه جزئی از ساختار است.[198]

طمع و سرمایه گزاری روی بدبختی های دیگران برای رسیدن به سود

یکی از مشکلات نظام کنونی انرژی ما آن است که به نظر می رسد کشورهائی که از نظر منابع انرژی ثروتمند هستند، فقط روی منافع ملی خود تمرکز دارند، و به دنبال افزایش نفوذ جغرافیائی سیاسی و سودآوری کوشش هایشان هستند، و هیچ پشیمانی از بهره بردن از بدبختی های دیگران برای رسیدن به پول و قدرت، ندارند. یکی از مثال های این امر روسیه است که با عربستان سعودی، یکی از اعضای کارتل تولیدکنندگان نفت اوپک (که روسیه عضو آن نیست)، برسر عنوان بزرگترین کشور تولید کننده ی نفت رقابت می کند. در واقع، اگر نفت و گاز را باهم در نظر بگیریم، روسیه بزرگترین کشور صادرکننده ی انرژی است. برخلاف عربستان سعودی که به طور کلی از بهره برداری از ظرفیت بیشتر تولید و ذخائر بسیار بزرگتر نفت خود پرهیز کرده است، چنین به نظر می رسد که گرایش روسیه به کسب درآمد هرچه بیشتر از نفت و گاز است، بدون این که علاقه ای به سرمایه گزاری روی ظرفیت ذخیره نفت و گاز از خود نشان بدهد.[199]

جلوگیری از رشد اقتصادی

اتکای بیش از حد بر درآمدهای حاصله از استخراج منابع نفت و گاز، می تواند به نحو تناقض آمیزی رشد اقتصادی یک کشور را کند کند. این پدیده که به «بیماری هلندی» معروف است، نام خود را مدیون سقوط اقتصادی هلند، پس از کشف نفت در سواحل این کشور در دهه ی 50 و اوائل دهه ی 60 میلادی است.[200] وقتی نفت دریای شمال در سرزمین نروژ جریان پیدا کرد، اقتصاد نروژ هم دچارعلائم این بیماری شد، اما دولت نروژ موفق شد با خارج کردن عایدات نفت از جریان اصلی اقتصاد، و قرار دادن آنها در سپرده ی امانی برای آینده، این مسیررا برگرداند. اما چنین برگشتی معمولا" دشوار است چون مستلزم انضباط شدید، حکومت سالم، و شفافیت سیاسی و اقتصادی است.

نبود اطلاعات شفاف

صنعت نفت، به علت عدم شفافیت در کارهایش، که مشکلات بسیاری را به وجود آورده، بدنام شده. کسی که روی این عیب انگشت گذاشته، کسی نیست به جز وزیر

نفت عربستان سعودی، علی النعیمی. وی درسال 2005 گفت که یکی از بزرگترین مشکلاتی که صنعت نفت با آن رو به روست «نبود اطلاعات روشن و دقیق است...بخصوص درباره ی موضوعات حیاتی، مانند عرضه و تقاضا و تولید و موجودی ذخائر.»[201] همان طور که از دیدار وزرای کشورهای مصرف کننده و تشنه ی نفت با برخی از بزرگترین تولید کنندگان آن، در نوامبر 2005 پیداست، اقداماتی درجهت رفع این مشکل، صورت گرفته است. این دیدار به منظور افتتاح یک **انجمن بین المللی جهانی جدید**، و پرده برداری از یک بانک اطلاعاتی، که از سوی مصرف کنندگان و تولید کنندگان اصلی نفت فراهم شده بود، صورت گرفت. اما این اقدام عیب اساسیی دارد و آن این است که متکی به اطلاعاتی است که به صورت داوطلبانه تسلیم آن می شود. به علاوه، این اطلاعات نه به موقع میرسد، و نه کافی است که دولتها برای ایجاد یک سیاست طولانی مدت انرِژی توافق کنند و فراهم سازند. در نتیجه، قیمت های نفت همچنان بی ثبات است، و هزینه های پیش بینی نشده ای را برای مصرف کنندگان، و درآمدهای پیش بینی نشده ای را برای تولید کنندگان، به همراه می آورد. سران حکومت ها و رهبران صنایع که در سال 2009 در همایش سران 8 [G8 Summit]در ایتالیا گرد هم آمده بودند، فکر کردند که برای شفاف تر کردن روند ها، باید کار بیشتری صورت بگیرد. آنها به ضرورت ایجاد نظامی که اطلاعات به موقع تر و صحیح تری را درباره ی وضعیت جهانی عرضه و تقاضا، و ازجمله درباره ی موجودی فهرستها، و ذخائر، و ظرفیت تولید، فراهم کند، اشاره کردند. [202] می توان مشاهده کرد که چگونه ایجاد یک زیرساخت فدرال جهانی، در طول خطوطی که در این کتاب مطرح شده، می تواند به این امر کمک کند: درچنین ساختاری می توان مزایای ایجاد اداره ای را در **پارلمان جهانی** تصور کرد، که وظیفه اش دیده بانی و جمع آوری منظم اطلاعات درباره ی منابع انرژی در سراسر دنیا باشد، و قرار دادن این اطلاعات به موقع در دسترس کل جامعه ی جهانی.

آلودگی زیست محیطی و آسیب به سلامت و امنیت

نبود موازین مشترک برای استخراج سوخت های فسیلی اغلب منجر به آسیب های عظیم زیست محیطی، و به خطر افتادن سلامت، شده است. برای مثال در دلتای نیجر جامعه ی محلی مدتهاست شکایت دارند که نشت نفت از خطوط لوله ی قدیمی و فرسوده، هم کشاورزی و هم ماهیگیری منطقه را نابود کرده است.[203] **برنامه ی محیط زیست سازمان ملل**، یونپ [United Nations Environment Program]

(UNEP) ، بعد از بررسی این شکایات دریافت که چنین نشت هائی درواقع در طول پنجاه سال گذشته که عملیات نفت صورت می گرفته، وجود داشته، و زمین، هوا، و آب منطقه را آلوده ساخته، به طوری که پاکسازی آلودگی های ایجاد شده 1 میلیارد دلار خرج دارد. [204] با این حال سه سال بعد از گزارش یونپ، و تا همین تابستان 2014 بنا به گزارشات رسانه ها و سازمان های غیر دولتی، کارچندانی برای پاکسازی آلودگی نفتی در دلتای نیجر صورت نگرفته، درصورتی که این آلودگی، آب آشامیدنی را در تعدادی از جوامع به شدت آلوده ساخته، ومواد سرطان زای آن را به 900 برابر میزان تعیین شده در رهنمودهای **سازمان جهانی سلامت** (WHO) [World Health Organization]رسانده است. [205] اخیرا" برخی از کشورهای آفریقائی، شامل نیجر، گابن و چاد، که از تخریب محیط زیست به دست بیگانگانی که به منابع آنها چنگ انداخته اند، درسهای تلخی گرفته اند، بالاخره شرکت های بزرگ نفتی دولت چین را که در سرزمین هایشان به عملیات مشغول هستند، به طلب حق کشیدند، و اصرار کردند که در معاملاتی که گذشتگان آنها امضا کرده اند، تجدید نظر کنند، تا از مشکلاتی که از غفلت فاحش نسبت به محیط زیست ایجاد می گردد، پرهیز شود. برای مثال وزیر نفت چاد در آگست سال 2013 عملیات چینی ها را متوقف ساخت. علت آن کشف این واقعیت بود که آنها نفت خام اضافی را در راه آبهای رو باز جنوب پایتخت می ریختند، و بعد مردم محلی چاد را مجبور می کردند که بدون برخورداری از هر گونه حفاظتی، آنها را از آنجا بر دارند. مقامات آفریقائی با این که می دانند این خطر وجود دارد که یکی از مهمترین شرکای تجاری خود را خشمگین سازند به نحو روزافزونی تمایل خود را به مقاومت نشان می دهند، چون همان طور که وزیر نفت نیجر، فوماکویی گدو[Foumakoye Gado] گفت، «این تنها چیزی است که مااداریم.» وی اضافه کرد که «اگر منابع طبیعی ما از دست برود، هرگز از این وضعیت نجات پیدا نخواهیم کرد». [206]

در آمریکای جنوبی، هواداران محیط زیست هشدار داده اند که اگر برزیل برنامه های خود را در مورد احداث مجموعه ای از خطوط لوله دنبال کند، تا به ذخائر نفت و گازی که در آمازون کشف شده، و برای گردش چرخ اقتصادش لازم است، دست پیدا کند، به محیط زیست آن آسیب های عظیم و گسترده ای وارد خواهد شد، من جمله انهدام جنگل هایش. [207]

کشورهای توسعه یافته نیز در خطر آسیب های زیست محیطی قرار دارند. در ژانویه 2013 پژوهشگران کانادائی گزارشی را منتشر ساختند که ادعا می کرد

سطح ترکیبات سرطان زا در دریاچه های پیرامون ماسه های نفتی آلبرتا، در اثر بهره برداری از آنها، افزایش یافته است. معدنکاری روباز که در بیشترموارد در تولید نفت ماسه ای به کار می رود، باعث شده که مواد شیمیائی به وسیله ی هوا منتقل شوند، و موادی که قیرطبیعی را از ماسه های اطراف آن جدا می کنند، هیدروکربن های پلی آروماتیکی تولید می کنند، که به حوضچه های بزرگ فاضلاب فرستاده می شوند، و درنهایت همراه با سایر موادشیمیائی از آنها به آبهای فرودست نشت می کنند. [208] [هیدروکربن های پلی آروماتیک (PAHs) گروهی از ترکیبات آلی هستند که از حلقه های معطر تشکیل شده اند، و برخی از آنها به شدت سمی و سرطان زا می باشند.]

علت عمده ی دیگر نگرانی در جهان توسعه یافته، افزایش استفاده از روش «فرکینگ» برای استخراج گاز طبیعی است. در فرکینگ، چاههای افقی حفر می شود و از فشار آب، شن، و مواد شیمیائی برای شکستن طبقات رسی و آزاد کردن گازی که در درون آنهاست، استفاده می گردد. منتقدین نگران آن هستند که موادشیمیائی استفاده شده در فرکینگ سهوا" به سفره های آب زیر زمینی راه یابند و آنها را آلوده سازند، زیرا مواد شیمیائی با بی پروائی و با بی اعتنائی نسبت به زیان هائی که ممکن است برای محیط زیست و سلامت انسان به دنبال داشته باشند، به زمین تزریق می شوند. [209] بعلاوه، گازی که در اثر «فرکینگ» آزاد می شود، ممکن است به آب آشامیدنی راه پیدا کند، و آلودگی آب را بیشتر کند. [210] نگرانی دیگر آن است که «فرکینگ» مقدار زیادی آب مصرف می کند، و منبعی را که روز به روز پرارزش تر می شود، هدر می دهد. شواهدی نیز در دست است که «فرکینگ» احتمال زلزله را بیشتر می کند. [211] با توجه به این پیش بینی که میزان گاز طبیعی که از طبقات رسی در آمریکا به دست می آید، از 14 درصد در سال 2011 به 46 درصد در سال 2035 افزایش پیدا خواهد کرد، می توان فهمید که پرداختن به این نگرانی ها از چه اهمیتی برخوردار است. درواقع این نگرانی ها باعث شده که دربسیاری از مناطق، و حتی برخی ازکشورهای اروپائی «فرکینگ» را به تأخیر بیندازند، و یا به کلی از آن جلوگیری کنند.

حتی حفاری دور از ساحل نفت هم از نظر زیست محیطی، روز به روز زیان بار تر می شود، چه که کمپانی های نفتی مجبورند برای پیدا کردن نفت در نواحی دورتری از ساحل، و در عمق بیشتری از آب، به اکتشاف بپردازند. برای مثال، حوزه ی «نیمه نمک» که از سوی برزیل مورد بهره برداری قرار گرفته، مافوق عمیق، و مستلزم حفاری در فشاری تا سه برابر آنچه در حفاری دور از ساحل

معمول است می باشد، که احتمال حادثه و نشت های بزرگ نفت را بیشتر می کند. همچنین برخی از موادشیمیائی موجود در نفت استخراج شده بسیار فرساینده هستند، و می توانند به محیط زیست آسیب وارد کنند. [212]

فاجعه ای که در آپریل سال 2010 در اثر انفجاری در دکل نفتی دیپ واتر هورایزن[Deepwater Horizon] که توسط **شرکت نفت بریتانیا** اداره می شد، در خلیج مکزیکو رخ داد، توجه عموم را به خطرات حفاری های دور از ساحل نفت جلب کرد. این حادثه در تاریخ این صنعت عظیم ترین نشت تصادفی نفت در دریا به شمار می رود. دولت ایالات متحده تخمین زد که در اثر این حادثه نزدیک به 5 میلیون بشکه (نزدیک به 800 میلیون لیتر) نفت به اقیانوس ریخته شد. این نشت و پاکسازی آن، آسیب زیادی به زیستگاههای دریائی و حیات وحش، تالاب ها و مصب رودها، و به ماهیگیری تجاری، و صنعت گردشگری خلیج شمالی، زد. یک کمیسیون در کاخ سفید چنین نتیجه گیری کرد که نشت نفت از علل ریشه ای «ساختاری» ناشی می شد، و در«نبود اصلاحات عمده، هم در روش های این صنعت، و هم در سیاست های دولت ، ممکن است بازهم تکرار شود.» [213]

با این که زیان زیست محیطی ناشی از استخراج منابع انرژی عظیم است، اما بدترین آسیبی که به محیط زیست وارد می شود از سوزاندن مهار نشده سوخت های فسیلی به دست انسان است، آن هم در زمانی که غلظت گازهای گلخانه ای در جوّ زمین باعث گرم شدن بی سابقه ی زمین شده، و زنجیره ای از پیامدهائی را آغاز کرده است که روز به روز فاجعه آمیزتر می شوند. با توجه به شرایط موجود، این که جهان برای تأمین 80 درصد از انرژی مورد نیاز خود به سوزاندن ذغال، گاز طبیعی، و نفت، متکی باشد، نه تنها ناپایدار، بلکه دیوانگی است. [214]

بی ثباتی و نوسان قیمت های انرژی

ثابت نگه داشتن قیمت های انرژی عامل مهمی در حفظ ثبات اقتصادی و سیاسی در داخل کشورها، ودر اقتصاد بین المللی در کل است. هرگونه افزایش عمده ای در قیمت های نفت خام، رشد اقتصادی جهان را به تأخیر می اندازد. در سال 2008 وزرای دارائی **گروه 8** کشور صنعتی، بخش زیادی از وقت دیدار دو روزه ی خود را صرف گفتگو درباره ی قیمت های رو به افزایش نفت، که باعث اعتراضات خیابانی در سراسر عالم شده بود، کردند. اعلامیه ی نهائی آنان خاطر نشان می ساخت که قیمت های بالاتر نفت و سایر کالاها، اقتصاد جهانی را در زمانی که

هنوز از سقوط بازار مسکن در ایالات متحده ضعیف بود، تهدید می کرد. [215] به نظر می رسد که افزایش قیمت نفت خام بخصوص روی اقتصادهای آسیب پذیر تأثیر منفی دارد. مجله ی اکونومیست این مسئله را به خوبی در این جمله خلاصه کرد:«معدودند وقایعی که به اندازه ی افزایش قیمت نفت روی اقتصاد و سیاستمداران سایه ی تاریک بیاندازند.» [216] در واقع، همان طور که کارشناسان خاطر نشان کرده اند، قیمت بالای نفت خام نه فقط به مصرف کنندگان، بلکه به شرکت ها و تولید کنندگان نفت، نیز ، آسیب می رساند. [217] نوسان نیز مشکل زاست، زیرا باعث می شود کشورهائی که به وارد کردن مقادیر عظیم نفت احتیاج دارند، برای حفظ دسترسی خود به ذخائر نفت، دست به هر کاری بزنند. با این که قیمت نفت تا نوامبر 2014 در دو قرارداد اصلی، که قیمت ها را در سراسر جهان تعیین می کنند، سقوط کرده، و به حدود 83 دلار برای نفت خام سبک برنت، و 78 دلار برای نفت غرب تگزاس رسیده است، اما مشکلی که در نفت و گاز هست این است که بالا و پائین رفتن قیمت های آنها قابل پیش بینی نیست، و بستگی به عوامل غیرقابل کنترلی، مانند امنیت و ثبات مناطق و کشورهای تولید کننده ی نفت، کاهش و افزایش تقاضا، و گمانه زنی های مالی، دارد.

فدراسیون جهانی کلید حل مشکلات مربوط به تغییرات آب و هوائی و تأمین نیازهای روز افزون به انرژی است

جلوگیری از افزایش بی سابقه ی دمای زمین و به این ترتیب دفع فجایع گسترده ی جهانی، و درعین حال تضمین این که همه ی ملل زمین به انرژی کافی برای تأمین نیازهای مشروع خود دسترسی داشته باشند، دو چالشی است که ماهیت جهانی دارد، و بنابراین راه حل های جمعی می طلبد. بشریت راههای مختلفی را برای حل این مشکلات امتحان کرده و شکست خورده است. تنها راه حل مؤثر در به کارگیری اصول اساسی است که در ابتدای این کتاب، به عنوان ابزاری برای ساختن یک دولت فدرال جهانی، که واقعا" نماینده ی همه ی ملل جهان باشد، و به سود منافع مشترک بشریت تصمیم گیری نماید، مطرح گردید.

هم تغییرات آب و هوائی و هم تأمین نیازهای انرژی روزافزون یک جمعیت جهانی رو به رشد و ازنظر اقتصادی در حال پیشرفت، چالش های جهانی هستند، که اثرات زیان بار چسبیدن به عادت های قدیمی را نشان می دهند. اصرار بر سوزاندن مقادیر روزافزونی از سوخت های فسیلی، با وجود همه ی هشدارهای دانشمندان که این کار را استقبال از فاجعه می دانند، شبیه مقاومت نوجوانی است

که در مراحل نهائی نوجوانی در مقابل اندرزهای درست و بجا، مقاومت می کند. متأسفانه به نظر می رسد که مصمم هستیم نوجوانی جمعی خود را طولانی تر سازیم، در حالی که خانواده ی بشری ما باید قبل از این که آسیب های غیرقابل جبرانی را به خود وارد سازد، رشد کند، و از خود بلوغ نشان بدهد.

زمان آن فرا رسیده است که دست ازاتکا به نظام فعلی تولید و توزیع انرژی، که مبنی بر رقابت، نابرابری، فساد، و مصلحت طلبی است، برداریم، و آن را با یک نظام کارآمد و عادلانه که دستیابی همه ی کشورها را به انرژی کافی برای تأمین نیازهای مردم خود فراهم سازد، جایگزین سازیم. ما می توانیم این کار را با ادغام همه ی منابع انرژی خود، و قرار دادن آن در اختیار یک **مجلس قانونگزاری بین المللی** انجام دهیم، تا تولید و توزیع انرژی پاک را به منظور تأمین نیازهای مشروع همه، مدیریت نماید. ساختار این **مجلس قانونگزاری** طوری خواهد بود که به نحو شایسته ای نماینده ی منافع جمعی بشریت، و تصمیم گیری آن عادلانه، و درست، و به سود منافع جمعی همه باشد. هم ساختار **مجلس قانونگزاری بین المللی** و هم قوانینی که برعملکرد آن حاکم خواهند بود، و روندهای تصمیم گیری آن، نشان دهنده ی اصول وحدت ملل، رفتار یکسان با همه ی کشورها، و تشخیص ضرورت صرف نظر کردن کشورها از بخشی از حق حاکمیت خود خواهد بود، تا بتوان به مصلحت کل تصمیم گیری کرد، و از این طریق مصلحت یکایک کشورهای جهان را تضمین نمود.

در پاسخ به بدبینان

بدون شک، بدبینان بسیاری خواهند بود که بگویند کشورهای جهان هرگز، حتی روی اصول اساسی برای ساختن یک فدراسیون جهانی، به توافق نخواهند رسید، چه برسد به توافق درباره ی یک دولت فدرال جهانی، که مستلزم صرف نظر کردن از حتی گوشه ای از حق حاکمیت آنان باشد. تجارب تاریخی که در فصل های گذشته از ایجاد فدراسیون آمریکا و **جامعه ی ذغال و فولاد اروپا**، مؤسسه ی اولیه ی آنچه که امروزه **اتحادیه ی اروپا** را تشکیل داده است، نقل شد، پاسخ های محکمی را برای قانع کردن آنها در اختیار ما قرار می دهد. قدم سرنوشت سازی که 13 ایالت عضو ائتلاف آمریکا برداشتند تا به صورت دولت فدرال آمریکا یکپارچه گردند، همان طور که رشد اقتصادی و قدرت نظامی و اجتماعی آمریکا در دو سده ی بعدی گواه آن است، علنا" به سود منافع مشترک این ایالات بود. به همین نحو، تهور و شجاعتی که بخصوص فرانسه و آلمان در ایجاد **جامعه ی ذغال و فولاد اروپا** از خود نشان دادند، باوجود سابقه ی طولانی دشمنی عمیق، عاقبت صلح پایداری را برای اروپای غربی به ارمغان آورد، و آن را در مسیری به سوی یکپارچگی روزافزون گذاشت، که منجر به شکل گیری **اتحادیه ی اروپا** به صورتی که امروزه می شناسیم، و با همه ی مزایای اقتصادی و اجتماعی که برای کشورهای عضو به همراه داشته، گردید.

و باز به آنانی که می گویند متقاعد کردن کشورهای جهان به این که روی اصول اساسی تازه ای در روابط بین المللی توافق کنند، غیر ممکن است، می توان پاسخ داد که این امر نه تنها مطلوب و به لحاظ نظری ممکن است، بلکه ایجاد چنین تحول چشمگیری همین اخیرا" و در سپتامبر 2005 با موفقیت صورت گرفته است، یعنی بعد از فقط چند سال تلاش متمرکز، و زمانی که همه ی رهبران جهان برای بزرگداشت شروع قرن جدید در همایش سران در نیویورک گرد هم آمدند، و اصل بین المللی تازه ای را تحت عنوان «مسئولیت دفاع» پذیرفتند. [218]

اصل «مسئولیت دفاع» در سال 2001 و وقتی مطرح شد، که دولت کانادا **کمیسیون بین المللی مداخله و حاکمیت ملی** را تشکیل داد. این **کمیسیون** تشکیل شد تا راههای تازه ای را برای پرداختن به مسئله ی پیچیده ای پیدا کند، که آن مسئله

موقعی پیش می آید که مردم کشوری از نقض حقوق بشر توسط دولت خود، رنج می برند. آنان قربانی نقض حقوق بشر می شوند، چون دولت مربوطه نمی تواند، و یا نمی خواهد، از آنان حفاظت کند. این **کمیسیون** با بررسی دقیق زبانی که باید به گفتگوها شکل می داد، کار خود را آغاز کرد، و از استفاده از کلمات بحث برانگیزی، مانند «حق مداخله» پرهیز نمود، کلماتی که در گذشته مورد استفاده قرار گرفته، و به علت تداعی کردن مقاصد استعماری، و آنچه تلاش برای دخالت در حقوق مندرج در حاکمیت ملی تصور می شد، واکنشهای منفی زیادی را برانگیخته بودند. در عوض این **کمیسیون** با به کار گیری یک زبان جدید از عبارت «مسئولیت دفاع»، استفاده کرد، به این معنی که جامعه ی بین المللی در نهایت مسئول دفاع از کسانی است که از آسیب های جدی، و غیرقابل جبرانی، مانند تلفات گسترده، و نقض فاحش حقوق بشر، رنج می برند، و نیازشدیدی به حمایت دارند، در حالی که دولت مربوطه نتواند و یا نخواهد که از آنان دفاع کند. **کمیسیون** این اصل جدید را به عنوان اصلی که جامعه ی جهانی می تواند درباره ی آن به اتفاق نظر برسد، مطرح کرد،[219] و با استفاده از یک زبان جدید، حس شریف و انسانی مسئولیت و حمایت را برانگیخت، و دولت ها و رهبران جهان را دعوت نمود که چه به عنوان یک کشور مستقل، و چه به عنوان عضویتشان در جامعه ی کشورها، در مواضع مستحکم سابق خود تجدید نظر کنند.

پس از آن که اصل «مسئولیت دفاع»[responsibility to protect] (حال به R2P مشهور شده است) برای اولین بار در گزارش **کمیسیون** مطرح شد، مورد تصدیق **هیئت عالی کارشناسان سازمان ملل در باب تهدیدها، چالش ها و تغییر** قرار گرفت، و این هیئت در گزارش خود اذعان نمود که اعضای آن شاهد «بروز این هنجار، که مسئولیت مشترکی برای دفاع وجود دارد»[220]، هستند. این اصل در گزارش بعدی **دبیرکل سازمان ملل** نیزمورد تأیید وی قرار گرفت.[221] **دبیر کل سازمان ملل متحد** به صراحت نوشت، که هرچند مسئولیت اولیه ی دفاع از مردم یک کشور به عهده ی دولت آن کشور است، اما اگر دولتی نخواهد و یا نتواند این کار را بکند، این مسئولیت به عهده ی جامعه ی بین المللی خواهد بود، تا با همه ی وسائل و اسباب، و در صورت لزوم حتی با توسل به زور، عمل کند. از نظر اهداف ما، مهمتر از همه آن است که این اصل تازه مورد تصدیق همه ی رهبران جهان، که در سپتامبر 2005 در **همایش جهانی سران** گرد هم آمده بودند، قرار گرفت. این همایش برای بزرگداشت آغاز قرن بیست و یکم در نیویورک برگزار شده بود.[222]

شگفت انگیزتر آن که فقط 5 سال طول کشید تا اصل مسئولیت دفاع از اولین شکل گیری خود، به پذیرش جهانی برسد. پس چرا باید فکر کنیم که جامعه ی بین المللی نمی تواند مجموعه اصول جهانی، مانند آنچه که در یکی از بخش های قبلی این کتاب مطرح شد را بپذیرد؟ مسیری که توسط کمیسیون برای رسیدن به این نتیجه ی شگفت انگیز طی شد، می تواند راهنمای مفیدی برای رهبران جهان باشد برای نیل موفقیت آمیز به این هدف. یکی از خصوصیات این مسیر، یافتن راههای ابتکاری و بدون تهدید، برای شکل دادن به بحث، و تنظیم اصولی است که همه بتوانند بدون قید و شرط و یا واهمه، بپذیرند. ویژگی دیگر تقلید از روندی است که کمیسیون و دستیاران آن در پیش گرفتند، و آن سفر به همه ی کشورها و گفتگوی منظم باهمه رهبران ملی درباره ی اصل پیشنهادی، و مطرح کردن دلایلی بود که برای آن پیشنهاد داشتند، و اهداف و مقاصدی که می خواستند به آن برسند، و همچنین متقاعد کردن آنان با استفاده از استدلالهای منطقی به این واقعیت که قبول کردن اصل «مسئولیت دفاع»، به سود کشورهای آنان و به سود منافع جمعی بشریت است.

نتیجه گیری – عمل فوری برای اجتناب از پیامدهای زیان آور

روشن است که توفان بحران های شدید، جهان را مبتلا ساخته است . این بحران ها
شامل یک بحران مالی جهانی که رشد اقتصادی را در سراسر جهان کاهش داده،
و خطر آن وجود دارد که به طور نامحدودی ادامه پیدا کند، یک بحران زیست
محیطی به صورت گرم شدن زمین، و تغییرات آب و هوائی، یک بحران انرژی،
تهدید بحران های غذا و آب، و یک بحران عدم امنیت بین المللی است، که دامنه ای
از چالش ها را در بر می گیرد ازتولید اتمی و نقض حقوق بشر گرفته، تا اعمال
تروریستی، و افزایش درگیری های داخلی و بین المللی، که خود ناشی از زنجیره
ای از سایر بحرانهاست.

این بحران ها واقعی و مستلزم اقدامات فوری ما هستند برای حل آنها، مبادا که
سستی و رکود، باعث رنج فوق العاده ای گردد. اما باید مواظب باشیم اقدام های ما
مفید باشند نه مضر.

درحالی که جهان نوجوان و سرکش ما طوری عمل می کند که چالش های جهانی
روزافزونی را به وجود میاورد، و میکوشد این چالش ها را حل کند، شاهد پدیده ی
آزار دهنده ای هستیم، که با تناوب بیشتری در بسیاری از نقاط جهان رخ می دهد،
این که بسیاری از ملل نسبت به اثرات محلی این چالش های جهانی واکنش نشان
می دهند، و با نارضایتی از واکنش های واحدهای سیاسی ملی خود، به دنبال
استقلال سیاسی و خودمختاری هستند. آنها با این باور که این کار به آنها اختیار
بیشتری در مورد سرنوشت خودشان می دهد، و آنها را از غرق شدن در کشتی
جوامع بزرگتر حفظ می کند، تجزیه می شوند. اما عمل آنها نه تنها مشکلی را حل
نمی کند، بلکه قطعا" زیان هم به بار می آورد. از یک سو ماهیت جهانی این بحران
ها مستلزم راه حل های جهانی است، که با تکه تکه شدن بیشتر بشریت حاصل
نمی شود، و از سوی دیگر تجزیه کردن جوامع به قطعات کوچک و کوچکتر به
جنگ و اختلاف در میان ملل و اقوام می انجامد، که اوضاع را بدتر می کند، وحتی
مشکلات تازه ای را به مشکلات قبلی می افزاید. بعلاوه، ادامه دادن این مسیر،
بیشتر پیشرفتی را که بشریت در ایجاد حلقه ای متحدالمرکز و کاملا" سازگار
وفاداری و یکپارچگی به دست آورده ، از بین می برد. دنبال کردن بیشتر این مسیر

فقط باعث پس رفت است، و ما را در دنباله ی منطقی خود به روزهای قبیله گرائی بر می گرداند. بنابراین لازم است که تلاشهای خود را برای معکوس کردن این جریان دو برابر کنیم، و بشریت را به جای چند پارگی، دوباره به مسیر یکپارچگی بیشتر برگردانیم.

برای مثال اگر نگاهی به اروپا بیندازیم، از جنبش های رو به افزایش و پرهیاهوی جدائی طلب دچار حیرت می شویم، مانند خواسته ی مردم فلاندر [223] که با وجود اختیارات زیادی که دولت مرکزی بروکسل در طول سالها به آنها تفویض کرده، باز هم خواهان خودمختاری بیشتری هستند، [224] جنبش مردم کاتالان که به دنبال به دست آوردن استقلال از اسپانیا هستند، و با این که دادگاه عالی اسپانیا این کار را خلاف قانون اساسی اعلام کرد، در نوامبر 2014 در یک همه پرسی نمادین، به جدائی رأی دادند، [225] و حرکت بخش هائی از اسکاتلند به سوی جدا شدن از بریتانیا، که منجر به همه پرسی استقلال در سپتامبر 2014 در این کشور شد. با این که مردم اسکاتلند که با تعداد بی سابقه ای در این رأی گیری شرکت کرده بودند (97 درصد جمعیت)، نهایتا" به ماندن با بریتانیا رأی دادند، اما تعداد قابل ملاحظه ای از مردم، که بالغ بر 45 درصد از جمعیت می شدند، خواهان جدائی شدند. [226] شاید مسئله ی مهمتر این بود که جامعه ی جهانی، با نفس های حبس شده، منتظر نتایج بود، امری که نشان دهنده ی نگرانی از اختلال اقتصادی در اروپا، و یک آگاهی دقیق از این حقیقت بود، که جدا شدن اسکاتلند تجزیه ی بیشتری را تشویق می کرد. ممکن بود جزایر اورکنی و شتلند[Orkney and Shetland islands] تصمیم بگیرند از اسکاتلند جدا شوند، تا بتوانند در قلمرو بریتانیا باقی بمانند. [227] بعلاوه، ممکن بود مردم ولز و ایرلند شمالی هم به درخواست جدائی از بریتانیا وسوسه شوند. علاوه برآن، این واهمه وجود داشت که اگر اسکاتلند جدا شود، بریتانیا بخش مهمی از جمعیت هوادار اروپای خود را از دست بدهد، و احتمال خارج شدن آن از **اتحادیه ی اروپا** افزایش پیدا کند، امری که بسیاری آن را هم برای **اتحادیه ی اروپا** و هم برای بریتانیا نامطلوب می دانند.

به نظر می رسد که در این وقایع دو عامل انگیزه ی حرکت به سوی جدائی طلبی است. اولی خشم ساکنان مناطقی است که نسبت به بقیه ی مردم کشور خود ثروتمند به حساب می آیند، و تصور می کنند که سخت تر از هموطنان خود کار می کنند اما درجهت حمایت از هم میهنان فقیرتر و یا تنبل تر خود، مورد بهره برداری قرار گرفته اند. آنها از این که باید مالیات بیشتری بپردازند، و دربرخی موارد عایدات

خود را از منابع طبیعی با دیگران شریک شوند، و سهم بزرگی از بدهی های کشور خود را به عهده بگیرند، خشمگین هستند.

انگیزه ی دوم اشتیاق شدید کسانی است که بیش از همه تحت تأثیر تصمیمات دولت ملی و مرکزی خود قراردارند، و می خواهند خودشان تصمیم بگیرند، و نه مؤسسات دوردستی که تصور می کنند از نیازهای مردم محلی، و اقلیت ها، خبری ندارند، و سیاست های یکسانی را بدون به حساب آوردن تفاوت های مهم منطقه ای، به اجرا در می آورند. در عمق این اشتیاق به خودمختاری بیشتر، علاقه به حفظ سنت ها و تنوع فرهنگی، و ازجمله علاقه به حفظ و گرامیداشت زبان های محلی در مدارس نهفته است.

نهایتا" به نظر می رسد آنچه که در ریشه ی همه ی این توجیهات برای جدائی طلبی قرار دارد، اشتیاق اصیل و مشروع توده های مردم به سهیم شدن معقول در تعیین سرنوشت خود است. این نتیجه گیری ممکن است مشخص کند چرا اسکاتلندی ها سرانجام به ماندن با بریتانیای کبیر رأی دادند، با این که نظرسنجی ها چند روز قبل از این همه پرسی، نشان می دادند که نتیجه ممکن است برعکس این باشد. سه حزب اصلی بریتانیا در مجلس وست مینیستر در آخرین تلاش خود برای متقاعد کردن مردم اسکاتلند به ماندن در اتحادیه، به آنها قول خودمختاری بیشتر در مورد مالیات، هزینه های عمومی، و اختیار بیشتر در مورد نرخ خدمات اجتماعی را دادند. [228] این قول که ممکن است مقدمه ی یک «بریتانیای آزادتر و فدرال تر باشد»،[229] ممکن است همان چیزی باشد که این اتحادیه ی 307 ساله را نجات داد.

اشتیاق به مشارکت در تعیین سرنوشت خود، امری است که امروز مرتب بروز می کند و به وفور در بسیاری از نقاط جهان، و نه فقط در اروپا، ظاهر می شود. این همان چیزی است که باعث می شود کردها، هم در ترکیه و هم درعراق، خواهان خودمختاری باشند، همان چیزی است که باعث شد شهروندان کریمه از اوکراین،[230] و مردم سودان جنوبی از سودان، جدا شوند، و درسال 2011 حکومت مستقل خود را تشکیل دهند، و مردم اریتره در سال 1993 از اتیوپی جدا شوند تا کشور خودشان را به وجود آورند. [231] این همان اشتیاقی است که باعث شده ساکنان هونگ کونگ برای این که بتوانند آزادانه، وبدون دخالت قدرت مرکزی در پکن به انتخاب دولت خود بپردازند، دست به اعتراضات گسترده و مداوم بزنند. این همان چیزی نیز هست که ملی گرایان را در تبت و تایوان خواهان جدائی از چین می کند.

در متن جهانی که به نظر می رسد تجزیه طلبی روند جاری آن است، سئوال حیاتی که باید پرسید، این است که آیا یک دولت فدرال جهانی با مؤسسات متمرکزی که دارد، از توده های مردم دورتر خواهد شد، و به نحوی غیر منصفانه وستمگرانه رفتار خواهد کرد، و نتیجتا به حرکات بیشتری به سوی جدائی طلبی و فروپاشی دامن خواهد زد؟ یا این که آیا ما می توانیم یک نظام دولتی فدرال درست کنیم، که به نواحی و مناطق اجازه دهد از میزان مشخصی ازخودمختاری و آزادی برای پرداختن به نیازهای محلی مشروع خود، برخوردار باشند، و در عین حال برای حل مشکلاتی که ماهیت جهانی دارند، و بر زندگی همه ی آنها تأثیر دارد، به طور جمعی عمل کنند، و یک جامعه ای جهانی را با وحدت روزافزون ایجاد نمایند؟

پاسخ دادن به این سئوال اهمیت حیاتی دارد، زیرا با این خطر جدی رو به رو هستیم که در شتاب خود به سوی جدائی طلبی، که آن را نوشداروئی برای حل همه ی مشکلات تصور می کنیم، زنجیره ای از واکنش ها را به سوی تجزیه ی روز افزون به قطعات کوچک و کوچکتر آغاز خواهیم کرد، بدون این که اتصالات بین این قطعات را به خوبی طراحی کرده باشیم.   می توان درک کرد که اگر این جریان را به حال خود رها کنیم، به صورت بهمنی از تجزیه و تقسیم روزافزون درآید، که با ترس ایجاد و تغذیه شود، و به جنگ و نومیدی صرف منجر گردد. در جهانی که وابستگی متقابل واقعیتی است گریزناپذیر، و بحران های فزاینده ی جهانی مستلزم راه حل های جهانی است که مبنی بر عمل جمعی باشند، مسیر تجزیه مسیر تباهی است، و نه مسیر رستگاری و نجات.

پاسخ واقعی به این مسئله آن است که تلاشهای خود را مضاعف کنیم و بشتابیم تا مسیر این جریان را با ایجاد یک ابردولت فدرال، که بر شالوده ی اصولی که در بالا مطرح شد، استوار شده باشد، عوض کنیم. بکارگیری این اصول در تار و پود و روندهای یک دولت جهانی در حالی که اجازه می دهد جهان به یکپارچگی و وحدت عمیق تری برسد، نیازها، و خواست های مشروع افراد و جوامع کوچکتر را هم تأمین می کند، و در عین حال به نیازهای جمعی این سیاره نیز می پردازد. در این فدراسیون جهانی از هر فرد خواسته خواهد شد که وفاداری بزرگتری را بپذیرد که کاملا" با وفاداری کوچکتر به دولت ملی خود، سازگاری دارد. به علاوه، این حکومت فدرال می تواند و باید طوری طراحی شود، که نیازهای مشروع جمعیت های منفرد را تأمین کند، و به آنها اجازه بیان تنوع فرهنگی خود، و همچنین در مسائل مورد علاقه ی خاص توده ها، خودمختاری بدهد. از سوی دیگر، باید خیر و مصلحت کل را با ملزم کردن اجزاء فدراسیون به تفویض بخشی

از حق تصمیم گیری خود به دولت فدرال، تضمین نماید. این تفویض حق تصمیم گیری مربوط به حوزه هائی می شود که مربوط به کل بشریت است، و باید به نحو مناسبی شامل حق اعلام جنگ کشورها به یک دیگر نیز بشود، و در عوض به یک ارتش مرکزی که برای حفظ صلح در خدمت کل بشریت باشد، متکی شود. این حقوق همچنین باید حق اداره ی منابع طبیعی حیاتی، شامل منابع انرژی را، به مصلحت کل مردم جهان در بربگیرد، و به این ترتیب جنگ و دسترسی نابرابر به منابع انرژی را از بین ببرد. همچنین باید شامل اختیارات محدودی در مورد وضع مالیات شود، تا منابع مالی لازم برای حل مشکلات جهانی، مانند گرم شدن زمین، فراهم گردد. در چنین زمینه ای نیازهای ویژه ی نواحی، مناطق و کشورها، با نیازهای خاص جمعی توازن می یابند، و همه ی نیازهای مشروع تأمین می گردند، وابراز تنوع ممکن می شود، ودر نتیجه، انگیزه های اصلی جدائی طلبی از میان می رود.

جامعه ا ی جهانی که به این سطح از یکپارچگی رسیده باشد، به مرحله ی طبیعی بعدی در بلوغ جمعی، و تحول اجتماعی خود، نائل خواهد آمد و مسالمت آمیزتر، مرفه تر، امن تر، سالم تر، و شادتر خواهد بود. یقینا این اهداف ارزش آن را دارند که برای رسیدن به آنها تلاش کنیم!

یادداشت ها و مراجع

[1] Sherwood, Courtney. "No Fukushima Radiation in Tests Off U.S. West Coast." *Scientific American,* July 29, 2014.

[2] U.N. High Commissioner for Refugees. *Syria Regional Refugee Response.* December 8, 2014. http://data.unhcr.org/syrianrefugees/regional.php (accessed December 8, 2014).

[3] Nebehay, Stephanie. "Syrian Refugees Top 3 Million, half of All Syrians Displaced: UN." *Reuters*, August 29, 2014.

[4] U.S. Department of State Office of the Spokesperson. "Building International Support to Counter ISIL." *www.state.gov.* September 19, 2014. http://www.state.gov/r/pa/prs/ps/2014/09/231886.htm. State; and Hammond, Philip. "Oral Statement to Parliament: Foreign Secretary on ISIL: Iraq and Syria." *www.gov.uk.* October 16, 2014. https://www.gov.uk/government/speeches/foreign-secretary-statement-on-isil-iraq-and-syria

[5] Cooper, Helene, and Sheri Fink. "Obama Presses Leaders to Speed Ebola Response." *The New York Times*, September 16, 2014.

[6] Universal House of Justice. "The Promise of World Peace." *reference.bahai.org*. Baha'i World Center. October 1985, at para 37.

[7] Evans, Gareth. "The Responsibility to Protect: When it's right to fight." *crisigroup.org.* Progressive Politics. July 31, 2003. http://www.crisisgroup.org/en/publication-type/commentary/evans-the-responsibility-to-protect-when-its-right-to-fight.aspx

[8] Effendi, Shoghi. *World Order of Baha'u'llah.* First pocket-size edition. Wilmette, Illinois: Baha'i Publishing Trust, 1991.

[9] Dedman, Martin. *The Origins and Development of the European Union 1945-95: A History of European Integration.* London and New York: Routledge, 1996, at 58.

[10] Stirk, Peter M.R., and David Weigall. *The Origins and Development of European Integration.* London and New York: Pinter, 1999, at 31.

[11] Dedman, Martin. *The Origins and Development of the European Union 1945-95: A History of European Integration.* London and New York: Routledge, 1996, at 57.

[12] Dedman, Martin. *The Origins and Development of the European Union 1945-95: A History of European Integration.* London and New York: Routledge, 1996, at 49.

[13] Dedman, Martin. *The Origins and Development of the European Union 1945-95: A History of European Integration.* London and New York: Routledge, 1996, at 59.

[14] Dedman, Martin. *The Origins and Development of the European Union 1945-95: A History of European Integration.* London and New York: Routledge, 1996, at 58.

[15] Stirk, Peter M.R., and David Weigall. *The Origins and Development of European Integration.* London and New York: Pinter, 1999, at 11.

[16] Dedman, Martin. *The Origins and Development of the European Union 1945-95: A History of European Integration.* London and New York: Routledge, 1996, at 49.

[17] Dedman, Martin. *The Origins and Development of the European Union 1945-95: A History of European Integration.* London and New York: Routledge, 1996, at 61.

[18] Goormaghtigh, John. *European Coal and Steel Community.* Edited by Anne Winslow and Agnese N. Lockwood. New York: Carnegie Endowment for International Peace, 1995, at 359.

[19] *Ibid.*

[20] Fontaine, Pascal. *Jean Monnet, a grand design for Europe.* Luxembourg: Office for Official Publications of the European Communities, 1988, at 19.

[21] *The Economist.* "The euro zone: That sinking feeling (again)." August 30, 2014.

[22] Alderman, Liz. "Eurozone Eked out Growth in Third Quarter." *The New York Times,* November 14, 2014.

[23] *The Economist.* "Europe's Currency Crisis: How to Save the Euro." September 17, 2011.

[24] Cooper, Helene, and Annie Lowrie. "Eyeing 2012, White House Presses Europe on Debt." *The New York Times,* December 7, 2011.

[25] Bradsher, Keith. "China Signals Reluctance to Rescue E.U." *The New York Times,* December 4, 2011.

26 *The Economist.* "The Future of the euro: Don't do it." December 2, 2010.

27 *The Economist.* "Italy and the euro: On the edge." July 14, 2011.

28 Thomas Jr., Landon, and Stephen Castle. "The Denials That Trapped Greece." *The New York Times*, November 5, 2011.

29 Mandelson, Peter. *The Interview: Peter Mandelson, former British Cabinet Minister* France 24. June 14, 2012.

30 Erlanger, Steven. "French President Warns of Dire Consequences if Euro Crisis Goes Unsolved." *The New York Times*, December 1, 2011.

31 *The Economist.* "The euro zone: Is this really the end?" November 26, 2011.

32 Mandelson, Peter. *The Interview: Peter Mandelson, former British Cabinet Minister* France 24. June 14, 2012.

33 Kulish, Nicholas. "With Germany in the Fold, Slovakia is Next to Vote on Euro Fund." *The New York Times*, September 29, 2011.

34 IMF Survey Online. *IMF Members Vow to Confront Crisis, Prevent Escalation.* September 24, 2011. http://www.imf.org/external/pubs/ft/survey/so/2011/pol092411a.htm.

35 MacMillan Center. *Global Economic Crisis: Solutions.* Yale University. April 8, 2014. http://yaleglobal.yale.edu/special_report/732.

36 Mandelson, Peter. *The Interview: Peter Mandelson, former British Cabinet Minister* France 24. June 14, 2012.

37 Ewing, Jack, and Niki Kitsantonis. "Trichet Calls for E.U. Finance Ministry to Curb Future Crises." *The New York Times*, June 2, 2011.

38 Roubini, Nouriel, interview by Owen Fairclough. *The Interview: Nouriel Roubini, Economist* France 24. June 12, 2012.

39 Mandelson, Peter. *The Interview: Peter Mandelson, former British Cabinet Minister* France 24. June 14, 2012.

40 Freeland, Chrystia, and Reuters. "To Save E.U., Europe Must Believe in It." *The New York Times*, June 7, 2012.

41 Story, Louise, and Matthew Saltmarsh. "Europeans Talk of Sharp Change in Fiscal Affairs." *The New York Times*, September 5, 2011.

42 Kulish, Nicholas, and Alan Cowell. "Urging Quick Action, Merkel Says Euro Fix Could Take Years." *The New York Times*, December 2, 2011.

43 Waterfield, Bruno. "EU suffers worst split in history as David Cameron blocks treaty change." *The Telegraph*, December 9, 2011.

[44] Mandelson, Peter. *The Interview: Peter Mandelson, former British Cabinet Minister* France 24. June 14, 2012.

[45] Erlanger, Steven. "French President Warns of Dire Consequences if Euro Crisis Goes Unsolved." *The New York Times*, December 1, 2011.

[46] *The Economist.* "Charlemagne: The Sinking Euro." November 26, 2011.

[47] "Eurozone facing 'systemic crisis': Barroso." *France 24*. November 16, 2011.

[48] Spiegel, Peter. "Brussels Clears France and Italy's Budgets." *The Financial Times*, October 28, 2014.

[49] Sinn, Hans-Werner. *Europe's Brush with Debt.* October 22, 2014. http://www.project-syndicate.org/commentary/eurozone-debt-mutualization-or-individual-liability-by-hans-werner-sinn-2014-10#.

[50] Mandelson, Peter. *The Interview: Peter Mandelson, former British Cabinet Minister* France 24. June 14, 2012.

[51] Walker, Marcus. "Euro Zone Weighs Plan to Speed Fiscal Integration." *The Wall Street Journal*, November 26, 2011.

[52] Thomas Jr., Landon, and Stephen Castle. "The Denials That Trapped Greece." *The New York Times*, November 5, 2011.

[53] Erlanger, Steven. "Sarkozy and Merkel Push for Changes to Europe Treaty." *The New York Times*, December 5, 2011.

[54] *Helsingin Sanomat.* "Rehn threatens rule-breaking euro countries with punishment." April 9, 2014.

[55] "Eurozone facing 'systemic crisis': Barroso." *France 24*. November 16, 2011.

[56] *The Economist.* "Charlemagne: Decision Time." May 12, 2011.

[57] *The Economist.* "The future of Europe: Staring into the abyss." July 8, 2010.

[58] Lyall, Sarah, and Julia Werdigier. "In Rejecting Treaty, Cameron is Isolated." *The New York Times*, December 9, 2011.

[59] Lyall, Sarah, and Julia Werdigier. "In Rejecting Treaty, Cameron is Isolated." *The New York Times*, December 9, 2011.

[60] BBC News. "Euro Zone Agrees to Follow the Original Rules." *The New York Times*, December 9, 2011; and Lyall, Sarah, and Julia Werdigier. "In Rejecting Treaty, Cameron is Isolated."

[61] Freeland, Chrystia, and Reuters. "To Save E.U., Europe Must Believe in It." *The New York Times*, June 7, 2012.

62 Erlanger, Steven. "Necessity, Not Inclination, Nudges Europeans Closer Fiscally and Politically." *The New York Times*, June 7, 2012.

63 Norris, Floyd. "Why Not Give Greeks Their Say?" *The New York Times*, November 3, 2011.

64 "Eurozone facing 'systemic crisis': Barroso." *France 24*. November 16, 2011.

65 *The Economist*. "Europe's Currency Crisis: How to Save the Euro." September 17, 2011.

66 *The Economist*. "Charlemagne: Between two nightmares." June 16, 2012.

67 *The Economist*. "The euro zone: Is this really the end?" November 26, 2011.

68 Ewing, Jack, and Niki Kitsantonis. "Central Bank Chief Hints at Stepping Up Euro Support." *The New York Times*, December 1, 2011.

69 *The Economist*. "Europe's sovereign-debt crisis: Acropolis Now." April 29, 2010.

70 *The Economist*. "Charlemagne: Those Obstructive Brits." December 10, 2011.

71 "Eurozone facing 'systemic crisis': Barroso." *France 24*. November 16, 2011.

72 Castle, Stephen. "Crisis Batters E.U.'s Longtime Cherished Notion of Members' Equality." *The New York Times*, December 7, 2011.

73 Erlanger, Steven. "Talks May Test Partnership Between a Weak France and a Strong Germany." *The New York Times*, June 21, 2012.

74 Erlanger, Steven. "French President Warns of Dire Consequences if Euro Crisis Goes Unsolved." *The New York Times*, December 1, 2011.

75 *Ibid*.

76 Erlanger, Steven. "Money Flows, but What Euro Zone Lacks is Glue." *The New York Times*, November 30 2011.

77 Interview by Cyril Vanier. *World This Week* France 24. 2012.

78 Watt, Nicholas. "Eurozone Countries should form United States of Europe, says EC vice-president." *The Guardian*, February 17, 2014.

79 Erlanger, Steven. "Talks May Test Partnership Between a Weak France and a Strong Germany." *The New York Times*, June 21, 2012.

80 *Ibid*.

81 *The Economist*. "Europe's Currency Crisis: How to Save the Euro." September 17, 2011.

[82] Erlanger, Steven. "Sarkozy and Merkel Push for Changes to Europe Treaty." *The New York Times*, December 5, 2011.

[83] Pollard, Robert A. *Europe's Struggle for Democratic Legitimacy: Voters Say No to EU Super-State.* Center for Strategic and International Studies. July 10, 2014. http://csis.org/publication/europes-struggle-democratic-legitimacy-voters-say-no-eu-super-state

[84] *The Economist.* "Economics focus: One Nation Overdrawn: Lessons for Europe from America's History." December 17, 2011.

[85] Story, Louise, and Matthew Saltmarsh. "Europeans Talk of Sharp Change in Fiscal Affairs." *The New York Times*, September 5, 2011.

[86] Cerami, Charles. *Young Patriots.* Naperville, IL: Sourcebooks, Inc., 2005, at 47.

[87] Cerami, Charles. *Young Patriots.* Naperville, IL: Sourcebooks, Inc., 2005, at 40.

[88] Cerami, Charles. *Young Patriots.* Naperville, IL: Sourcebooks, Inc., 2005, at 38.

[89] Monnet, Jean. *Memoirs.* Translated by Richard Mayne. Garden City, New York: Doubleday & Company, Inc., 1978, at pages 31, 35, 140.

[90] *Ibid*, at 197.

[91] Barnard, Anne. "Three Years of Strife and Cruelty Puts Syria in Free Fall." *New York Times*, March 17, 2014.

[92] Global Centre for the Responsibility to Protect. *Populations at Risk: Syria.* Global Centre for the Responsibility to Protect. http://www.globalr2p.org/regions/syria (accessed 2014).

[93] Sengupta, Somini. "French Push U.N. to Seek War Crimes Case in Syria." *The New York Times*, April 4, 2014.

[94] Gordon, Michael R., David E. Sanger, and Eric Schmitt. "U.S. Scolds Russia as It Weighs Options on Syrian War." *The New York Times*, February 17, 2014.

[95] Barnard, Anne. "Three Years of Strife and Cruelty Puts Syria in Free Fall." *New York Times*, March 17, 2014.

[96] Barnard, Anne. "Three Years of Strife and Cruelty Puts Syria in Free Fall." *New York Times*, March 17, 2014.

[97] Sanger, David E. "U.S. Commander Sees Key Nuclear Step by North Korea." *The New York Times*, October 24, 2014.

98 Sang-Hun, Choe. "North and South Korea Exchange Fire Across Dispute Sea Border." *The New York Times*, March 31, 2014.

99 Sang-Hun, Choe. "South Korea Tests Missile Able to Strike Most of North." *The New York Times*, April 4, 2014.

100 Carroll, James R. "Chemical Weapons Expert Wary of Syria." *USA Today*, September 26, 2014.

101 Perlez, Jane. "For China and Japan, a New Effort to Improve Relations Produces a Chilly Scene." *The New York Times*, November 10, 2014.

102 *The Economist.* "Russia and Ukraine: Military Marches." November 15, 2014.

103 Cooper, Helene, and Steven Erlanger. "Military Cuts Render NATO Less Formidable as Deterrent to Russia." *The New York Times*, March 26, 2014.

104 McTague, Tom. "Britain to send 1,000 troops to lead new NATO 'spearhead' force based in Poland amid growing threat from Russia." *The Daily Mail*, September 6, 2014.

105 Gordon, Michael R. "Nimble New NATO Force to Take Form Next Year." *The New York Times*, December 2, 2014.

106 *The Economist.* "The Collapse of Ukraine's Economy: Don't Chicken Out of Kiev." November 15, 2014.

107 Sang-Hun, Choe. "South Korea Tests Missile Able to Strike Most of North." *The New York Times*, April 4, 2014.

108 Abdu'l-Baha. *Secret of Divine Civilization.* Pocket-size edition. Wilmette, Illinois: Baha'i Publishing Trust, 1990, at 70.

109 Abdu'l-Baha. *Secret of Divine Civilization.* Pocket-size edition. Wilmette, Illinois: Baha'i Publishing Trust, 1990, at 71.

110 United Nations. "Charter of the United Nations." *United Nations.* June 26, 1945, Articles 43 and 46. http://www.un.org/en/documents/charter/index.shtml.

111 United Nations. "Charter of the United Nations." *United Nations.* June 26, 1945, Article 42. http://www.un.org/en/documents/charter/index.shtml.

112 Ma'ani Ewing, Sovaida. *Collective Security Within Reach.* London: George Ronald Publications, 2008, at 121.

[113] United Nations. "Charter of the United Nations." *United Nations.* June 26, 1945, Chapter VIII. http://www.un.org/en/documents/charter/index.shtml.

[114] For a more detailed analysis, see *Collective Security Within Reach* 159 – 168.

[115] *The Economist.* "Climate Change: Of Warming and Warnings." November 3, 2014; and Intergovernmental Panel on Climate Change. "Climate Change 2014: Synthesis Report." *ipcc.ch.* Intergovernmental Panel on Climate Change. November 14, 2014. http://www.ipcc.ch/report/ar5/syr/ (accessed November 14, 2014).

[116] Intergovernmental Panel on Climate Change. "Climate Change 2014: Synthesis Report." *ipcc.ch.* Intergovernmental Panel on Climate Change. November 14, 2014. http://www.ipcc.ch/report/ar5/syr/ (accessed November 14, 2014).

[117] Intergovernmental Panel on Climate Change. "Climate Change 2014: Impacts, Adaptation, and Vulnerability." *ipcc.ch.* Intergovernmental Panel on Climate Change. March 2014. http://www.ipcc.ch/report/ar5/wg2/.

[118] Davenport, Coral. "Rising Seas." *The New York Times*, April 5, 2014.

[119] Harris, Gardiner. "Borrowed Time on Disappearing Land." *The New York Times*, March 28, 2014.

[120] *Ibid*.

[121] Gillis, Justin. "Panel's Warning on Climate Risk: Worst is Yet to Come." *The New York Times*, March 31, 2014.

[122] U. S. Geological Survey. *Sea Level Rise Accelerating in U.S. Atlantic Coast.* June 24, 2012. http://www.usgs.gov/newsroom/article.asp?ID=3256&from=rss_home#.VhuibItFAdc.

[123] Melillo, Jerry M., Terese (T.C.) Richmond, and Gary W. Yohe. *Climate Change Impacts in the United States: The Third National Climate Assessment.* U.S. Global Change Research Program, U.S. Government Printing Office, 2014, at 841.

[124] Southeast Florida Regional Climate Change Compact Technical Ad hoc Work Group. *A Unified Sea Level Rise Projection for Southeast Florida.* Southeast Florida Regional Climate Change Compact Steering Committee, 2011, at 27.

[125] Gillis, Justin. "Panel's Warning on Climate Risk: Worst is Yet to Come." *The New York Times*, March 31, 2014.

[126] Gillis, Justin. "Climate Efforts Falling Short, U.N. Panel Says." *The New York Times*, April 13, 2014.

[127] Gillis, Justin. "Panel's Warning on Climate Risk: Worst is Yet to Come." *The New York Times*, March 31, 2014.

[128] Harris, Gardiner. "Borrowed Time on Disappearing Land." *The New York Times*, March 28, 2014.

[129] Gillis, Justin. "Climate Efforts Falling Short, U.N. Panel Says." *The New York Times*, April 13, 2014.

[130] International Atomic Energy Agency. "IAEA Annual Report 2013." *iaea.org*. International Atomic Energy Agency. 2014.

[131] International Energy Agency. *World Energy Outlook 2014*. Paris: IEA Publications, 2014.

[132] Deutch, John, and Ernest J. Moniz. *The Future of Nuclear Power: An Interdisciplinary MIT Study*. Massachusetts Institute of Technology, 2003, at 19.

[133] International Atomic Energy Agency. "IAEA Annual Report 2013." *iaea.org*. International Atomic Energy Agency. 2014. http://www.iaea.org/sites/default/files/anrep2013_full_0.pdf.

[134] International Energy Agency. *World Energy Outlook Special Report 2013: Redrawing the Energy Climate Map*. Paris: IEA Publications, 2013; andBanerjee, Sudeshna Ghosh, et al. *Global tracking framework: Sustainable energy for all*. Working Paper, The World Bank, Washington, DC: The World Bank Group, 2013, at 289.

[135] International Energy Agency. *World Energy Outlook 2014*. Paris: IEA Publications, 2014.

[136] Krauss, Clifford. "There will be fuel." *The New York Times*, November 16, 2010.

[137] Evans, Gareth. "Nuclear Energy in the Next Quarter Century: The IAEA's Role." *crisisgroup.org*. September 20, 2007. http://www.crisisgroup.org/en/publication-type/speeches/2007/evans-nuclear-energy-in-the-next-quarter-century-the-iaeas-role.aspx.

[138] U.S. Energy Information Administration (EIA). "China." *eia.gov*. February 3, 2014. http://www.eia.gov/countries/cab.cfm?fips=CH.

[139] Reuters. "U.N. Council Hits Impasse Over Debate on Warming." *The New York Times*, April 18, 2007.

[140] *The Economist*. "Europe's Dirty Secret: The Unwelcome Renaissance." January 5, 2013.

[141] *The Economist.* "Shale gas – Frack On." November 26, 2011.

[142] *Ibid.*

[143] Birnbaum, Michael. "Europe consuming more coal." *Washington Post*, February 7, 2013; andJohnson, Keith, and Ben Lefebvre. "U.S. Approves Expanded Gas Exports." *The Wall Street Journal*, May 18, 2013.

[144] Polgreen, Lydia. "Europe Turns Back to Coal Raising Climate Fears." *The New York Times*, April 23, 2008.

[145] Tabuchi, Hiroko. "An Energy Coup for Japan." *The New York Times*, March 12, 2013.

[146] Mathiesen, Karl. "New Coal power stations threat to EU's emission targets." *The Guardian*, August 27, 2014.

[147] Cala, Andres. "Russia Stands to Profit from Turn Away From Nuclear Power." *New York Times*, June 14, 2011.

[148] Tabuchi, Hiroko. "Japan Quake is Causing Costly Shift to Fossil Fuels." *The New York Times*, August 19, 2011.

[149] International Atomic Energy Agency. "Energy, Electricity and Nuclear Power Estimates for the Period up to 2050." Reference Data Series No. 1, International Atomic Energy Agency, Vienna, 2012; and Cala, Andres. "Russia Stands to Profit from Turn Away From Nuclear Power." *New York Times*, June 14, 2011.

[150] Müller-Kraenner, Sascha. *Energy Security: Re-Measuring the World.* London: Earthscan, 2008, quoting "World Energy Outlook 2006."

[151] *The Economist.* "Glittering Towers In a War Zone." December 7, 2006.

[152] Reuters. "Iran Offers India Oil Supply Plan for January." *The New York Times*, January 4, 2011.

[153] *Ibid.*

[154] Bagchi, Indrani. "India, Iran and Oman go under sea to build pipelines, change geopolitics." *The Times of India*, March 1, 2014.

[155] Follath, Eric. "Natural Resources are Fuelling A New Cold War." *Der Spiegel*, August 18, 2006; and CRI. "China, Iran sign biggest oil & gas deal." *China Daily*. October 31, 2004. http://www.chinadaily.com.cn/english/doc/2004-10/31/content_387140.htm.

[156] *Iran signs $3.2 bn natural gas deal with China.* March 16, 2009. http://www.seatrade-global.com/news/asia/Iran-signs-3632bn-natural-gas-deal-with-China.html.

[157] Yep, Eric. "New Russia-China Deal Could Further Hit Natural-Gas Prices." *The Wall Street Journal*, November 10, 2014.

[158] Rivera, Ray, and Ruhullah Khapalwak. "Afghans Strained by Shortages as Iran Tightens Flow of Fuel." *The New York Times*, January 9, 2011.

[159] Myers, Steven Lee. "Memo From Moscow: Belarus Learns that Days of Wine and Roses are Over." *The New York Times*, January 12, 2007.

[160] Kramer, Andrew E. "Russia Tightens Pressure On Ukraine with Rise in Natural Gas Price." *The New York Times*, April 1, 2014.

[161] Unger, David J. "Kerry to Russia: Don't Use Energy as a Weapon in Ukraine Crisis." *The Christian Science Monitor*, April 2, 2014.

[162] Kramer, Andrew E. "Gazprom threatens to cut off gas if Belarus rejects higher price." *The New York Times*, December 27, 2006.

[163] Myers, Steven Lee. "Belarus and Russia Spar Over Crude Oil Cut Off." *The New York Times*, January 9, 2007.

[164] Myers, Steven Lee. "Memo From Moscow: Putin's Assertive Diplomacy is Seldom Challenged." *The New York Times*, December 27, 2006.

[165] Reuters. "Iran Hints of Reduction of Oil Sales Over Nuclear Dispute." *The New York Times*, October 2, 2005.

[166] Forero, Juan. "Venezuela Cautions US It May Curtail Oil Exports." *The New York Times*, February 27, 2006.

[167] Krauss, Clifford. "Split By Infighting, OPEC keeps a cap on oil." *The New York Times*, June 8, 2011.

[168] International Atomic Energy Agency. "IAEA Annual Report 2013." *iaea.org*. International Atomic Energy Agency. 2014 at 2. http://www.iaea.org/sites/default/files/anrep2013_full_0.pdf.

[169] Yeomans, Matthew. "Crude Politics – The United State, China and the race for oil security." *The Atlantic Monthly*, April 2005, at 49.

[170] Connors, Will. "Nigeria Turns Over Disputed Land to Cameroon." *The New York Times*, August 14, 2008.

[171] Associated Press. "Africa's Oil Comes with Big Downside." *New York Times*, August 28, 2005.

[172] International Crisis Group. *Fuelling the Niger Delta Crisis.* Africa Report, Dakar & Brussels: International Crisis Group, September 28, 2006.

[173] *Nigeria: Timeline of recent unrest in Niger Delta region.* UN Office for the Coordination of Humanitarian Affairs Integrated Regional Information Networks (IRIN). February 4, 2010. http://www.irinnews.org/report/88002/nigeria-timeline-of-recent-unrest-in-niger-delta-region; and Shank, Michael, and Kate Edelen. "Cleaning Up Big Oil in Nigeria." *U.S. News and World Report*, July 31, 2014.

[174] U.S. Energy Information Administration (EIA). "Sudan and South Sudan." *eia.gov.* September 3, 2014. http://www.eia.gov/countries/cab.cfm?fips=SU; and Gettleman, Jeffrey. "Sudan's Leader Reaches Out Ahead of Vote;" and *The New York Times*, January 4, 2011.

[175] Kron, Josh. "South Sudan Reports Air Attacks by Sudan." *The New York Times*, April 23, 2012; and Kron, Josh. "South Sudan Says Sudan Strikes Again." *The New York Times*, April 24, 2012.

[176] Kushkush, Isma'il. "Sudan Says Military Evicts South's Army From Oil Area." *The New York Times*, April 20, 2012.

[177] Tabuchi, Hiroko. "Japan Scrambles Jets in Islands Dispute with China." *The New York Times*, December 13, 2012; and Perlez, Jane. "China and Japan, in Sign of a Thaw, Agree to Disagree on a Disputed Island Group;" and *The New York Times*, November 7, 2014.

[178] *The Economist.* "China and Japan – Locked On." February 9, 2013; and BBC News. *How Uninhabited islands soured China-Japan ties.* British Broadcasting Company (BBC). November 9, 2014. http://www.bbc.com/news/world-asia-pacific-11341139.

[179] U.S. Energy Information Administration (EIA). "East China Sea." *eia.gov.* September 17, 2014. http://www.eia.gov/countries/regions-topics.cfm?fips=ECS

[180] Ghosh, Palash. "Balochistan: Pakistan's 'Dirty War' In Its Poorest, Most Lawless, But Resource-Rich Province." *International Business Times*, September 14, 2013.

[181] *The Economist.* "The Nagorno-Karabakh conflict: A Festering Sore." October 3, 2013.

[182] Grono, Nick. "Natural Resources and Conflict." Brussels: The International Crisis Group, May 31, 2006.

[183] Perlez, Jane. "Japan Makes Overture to China in Islands Dispute." *The New York Times*, January 22, 2013; and *The Economist.* "South-East Asia and China – All change at ASEAN." February 9, 2013.

[184] Müller-Kraenner, Sascha. *Energy Security: Re-Measuring the World.* London: Earthscan, 2008, at 149.

[185] Warrick, Joby, and Juliet Eilperin. "Warming Arctic Opens Way to Competition for Resources." *The Washington Post*, May 15, 2011.

[186] BBC News. "Canada Launches Mission to Map Arctic Seabed." British Broadcasting Company (BBC), August 8, 2014.

[187] Grono, Nick. "Addressing the links between conflicts and natural resources." Brussels, February 9, 2006.

[188] Soros, George. *Transparent Corruption.* DebtChannel. February 2003. https://www.globalpolicy.org/pmscs/30083.html.

[189] Palley, Thomas I. "Lifting the Natural Resource Curse." *Foreign Service Journal* (American Foreign Service Association) 80 (December 2003), at 54.

[190] Transparency International. *Oil and Gas.* http://www.transparency.org/topic/detail/oil_and_gas (accessed 2014).

[191] LaFraniere, Sharon. "In Oil-Rich Angola, Cholera Preys Upon Poorest." *The New York Times*, June 16, 2006; and Pendleton, Andrew, Judith Melby, Liz Stuart, Johnl Davison, and Sue Bishop. *Fuelling Poverty: Oil, War and Corruption.* Christian Aid, 2003.

[192] Duval-Smith, Alex. *Piped water projects offer health, opportunities to Angolan families.* U.N. Children's Fund (UNICEF). January 2012, 25. http://www.unicef.org/wash/angola_61423.html.

[193] U.S. Energy Information Administration (EIA). "Angola." *eia.gov.* February 5, 2014. http://www.eia.gov/countries/cab.cfm?fips=AO.

[194] Polgreen, Lydia. "World Bank Reaches Pact with Chad over Use of Oil Profits." *The New York Times*, July 15, 2006; and Polgreen, Lydia, and Celia W. Dugger. "Chad's Oil Riches, Meant for Poor, Are Diverted;" and *The New York Times*, February 18, 2006.

[195] Polgreen, Lydia. "World Bank Ends Effort to Help Chad Ease Poverty." *The New York Times*, September 10, 2008.

[196] Palley, Thomas I. "Lifting the Natural Resource Curse." *Foreign Service Journal* (American Foreign Service Association) 80 (December 2003), at 54-61; and Transparency International. *Corruption by Country / Territory.* http://www.transparency.org/country (accessed 2013).

197 *US embassy cables: Kazakhstan's anti-corruption campaign.* The Guardian. November 29, 2010. http://www.theguardian.com/world/us-embassy-cables-documents/203528.

198 Interfax-Kazakhstan. *Experts say corruption in Kazakhstan becoming systemic.* Interfax-Kazakhstan. March 14, 2014. https://www.interfax.kz/index.php?lang=eng&int_id=expert_opinions&news_id=1437.

199 Kramer, Andrew E. "Russia Cashes In on Anxiety Over Supply of Middle East Oil." *The New York Times*, March 7, 2011.

200 Pendleton, Andrew, Judith Melby, Liz Stuart, Johnl Davison, and Sue Bishop. *Fuelling Poverty: Oil, War and Corruption.* Christian Aid, 2003, at 4.

201 Reuters. "Global Oil Producers Discuss Supply." *The New York Times*, November 19, 2005.

202 Caruso, Guy F. *More Transparency against the threat of price instability.* October 31, 2009. http://www.abo.net/oilportal/topic/view.do?contentId=2053054.

203 International Crisis Group. *Fuelling the Niger Delta Crisis.* Africa Report, Dakar & Brussels: International Crisis Group, September 28, 2006.

204 Vidal, John. "Niger Delta oil spills clean-up will take 30 years, says UN." *The Guardian*, August 4, 2011.

205 *Associated Press.* "Shell and Nigeria have failed on oil pollution clean-up, Amnesty says." August 4, 2014.

206 Nossiter, Adam. "China Finds Resistance to Oil Deals in Africa." *The New York Times*, September 17, 2013.

207 Rohter, Larry. "Vast Pipelines in Amazon Face Challenges Over Protecting Rights and Rivers." *The New York Times*, January 21, 2007; and Scott, Wallace. "Rain Forest for Sale: Demand for oil is squeezing the life out of one of the world's wildest places." *National Geographic*, January 2013, at 82.

208 Austen, Ian. "Oil Sands Industry in Canada Tied to Higher Carcinogen Level." *New York Times*, January 7, 2013.

209 *The Economist.* "Shale gas – Frack On." November 26, 2011.

210 *The Economist.* "The Economist Explains: How Safe is Fracking." August 19, 2013.

211 *The Economist*. "Natural gas in Oklahoma – will frack you." November 19, 2011.

212 *The Economist*. "Brazil's Offshore Oil/In Deep Waters." February 3, 2011.

213 Reuters. "Obama oil spill commission's final report blames disaster on cost-cutting by BP and partners." *The Telegraph*, January 5, 2011.

214 International Atomic Energy Agency. "IAEA Annual Report 2013." *iaea.org*. International Atomic Energy Agency. 2014, at 2. http://www.iaea.org/sites/default/files/anrep2013_full_0.pdf.

215 Fackler, Martin. "Surging Oil and Food Prices Threaten the World Economy, Finance Ministers Warn." *The New York Times*, June 15, 2008.

216 *The Economist*. "Petrol Prices – A Jump at the Pump." January 27, 2011.

217 *The Economist*. "The real trouble with oil." April 28, 2005.

218 United Nations General Assembly. "World Summit Outcome." *unrol.org*. October 24, 2005, at 31. http://www.unrol.org/doc.aspx?n=2005+World+Summit+Outcome.pdf.

219 *The Responsibility to Protect*. International Commission on Intervention and State Sovereignty, Ottawa: International Development Research Center, 2001, at 91.

220 U.N. Secretary General's High-level Panel on Threats, Challenges and Change. "A More Secure World: Our Shared Responsibility." United Nations Department of Public Information. December 2004, at para 203. https://www.un.org/en/peacebuilding/pdf/historical/hlp_more_secure_world.pdf.

221 Secretary General. *Secretary General, United Nations. In Larger Freedom: towards development, security and human rights for all. (A/59/2005). United Nations. 2005.* United Nations, 2005, at 35.

222 United Nations General Assembly. "World Summit Outcome." *unrol.org*. October 24, 2005, at 31. http://www.unrol.org/doc.aspx?n=2005+World+Summit+Outcome.pdf.

223 Interview by Cyril Vanier. *World This Week* France 24. October 16, 2012.

224 McKirdy, Euan, Bryony Jones, and Susannah Cullinane. *Five Secessionist Movements That Could Learn From Scotland*. CNN.

September 19, 2014. http://www.cnn.com/2014/09/17/world/scotland-five-other-separatist-movements/.

[225] *The Economist.* "The Economist explains Catalonia's Independence Movement." October 14, 2014.

[226] Erlanger, Steven, and Alan Cowell. "Scotland Rejects Independence from United Kingdom." *The New York Times*, September 18, 2014.

[227] *The Economist.* "Cue for another Viking Raid." November 18, 2013.

[228] Erlanger, Steven. "Britain Pledges More Self-Rule for Scots if They Reject Scottish Independence." *The New York Times*, September 7, 2014.

[229] Erlanger, Steven, and Alan Cowell. "Scotland Rejects Independence from United Kingdom." *The New York Times*, September 18, 2014.

[230] Herszenhorn, David M. "Crimea Votes to Seceded from Ukraine as Russian Troops Keep Watch." *The New York Times*, March 16, 2014.

[231] BBC News. *South Sudan Profile.* BBC News Africa. August 6, 2014. http://www.bbc.com/news/world-africa-14069082.

در باره نویسنده

سویدا معانی یوینگ در زمینه های پژوهش، نویسندگی و سخنرانی در باره حکومت جهانی و امنیت جمعی، فعالیت می کند. او در حال حاضر مدیر و بنیان گزار مرکز صلح و حکومت جهانی است. قبل از این کارخانم معانی یوینگ به عنوان وکیل مشاور در اداره ی مشاوره ی حقوقی وزارت امور خارجه آمریکا مشغول به کار بود. خانم معانی یوینگ در آفریقای شرقی به دنیا آمد و در آنجا و سپس در خاور میانه و انگلستان زندگی کرد. او دارای مدرک کارشناسی ارشد در حقوق بین المللی و همچنین قانون اتحادیه ی اروپا از دانشگاه کمبریج، و وکیل درجه یک دادگستری در انگلستان و ولز است. او سپس به آمریکا آمد و مدرکش را به عنوان وکیل مدافع در ایالات متحده ی آمریکا گرفت. تجربه ی کاری او شامل کار در شرکتهای حقوقی در واشنگتن و از جمله شرکت خودش، و تدریس در مقام استاد یار حقوق در دانشگاه جورج واشنگتن است. آثار او شامل چند کتاب، من جمله 'امنیت جمعی در دسترس'، و مقالات متعدد در همین زمینه است. او یک وبلاگ دارد که در آن راه هائی برای حل چالشهای جهانی مطرح میشود:

http://collectivesecurity.blogspot.com

مرکز صلح و حکومت جهانی

مرکز صلح و حکومت جهانی یک اتاق فکر مجازی و یک عرصه ی برخط است، که به کمک انتشارات، برنامه های صوتی و تصویری رایانه ای ، سخنرانی ها، کارگاهها و مشاوره های هدفمند، راه حل های اصولی ای را برای مشکلات مبرم جهانی جمع آوری و مطرح می سازد.

http://www.cpgg.org